NE 능률

기본 연산
Check-Book

KB124534

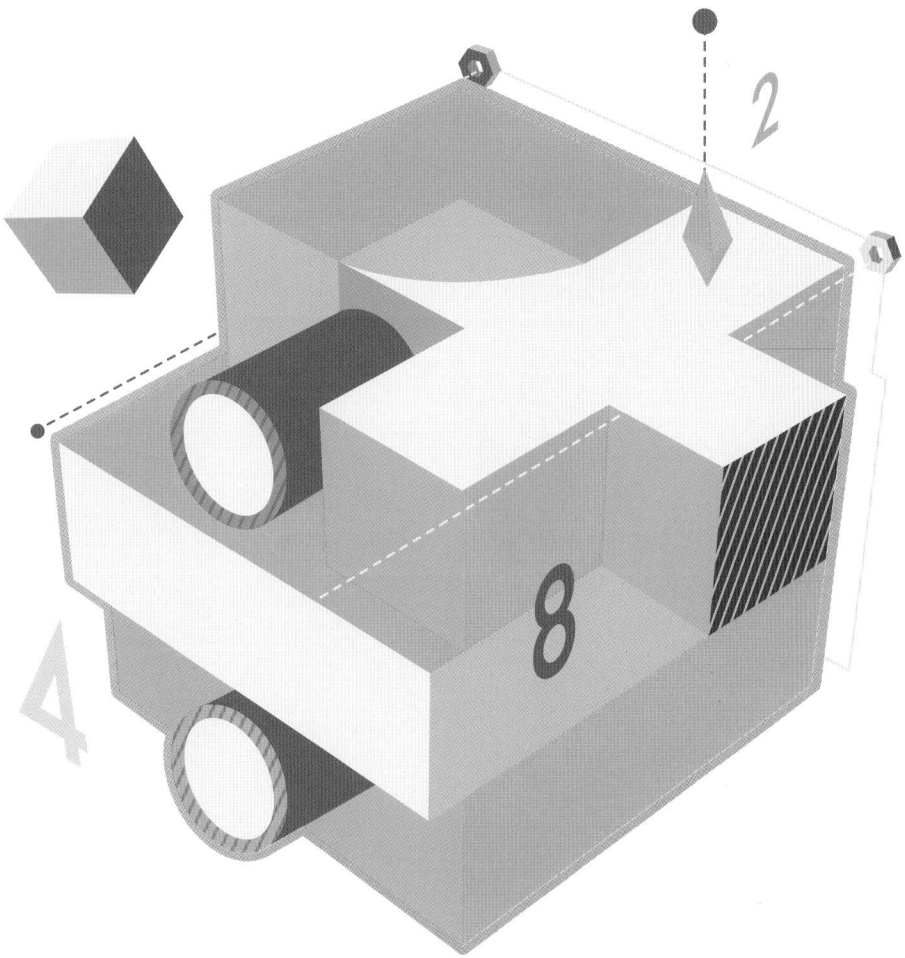

초등1 1호

덧셈구구

1주 10 만들어 덧셈하기

❶ 7+5=□
3 2

❷ 8+3=□
2 1

❸ 9+4=□
1 3

❹ 7+4=□
3 1

❺ 6+9=□
4 5

❻ 8+6=□
2 4

❼ 9+3=□
1 2

❽ 5+9=□
5 4

❾ 6+7=□
4 3

❿ 8+7=□
2 5

⓫ 7+6=□
3 3

⓬ 9+2=□
1 1

⓭ 4+8=□
6 2

⓮ 9+5=□
1 4

⓯ 8+4=□
2 2

⓰ 7+8=□
3 5

⓱ 6+8=□
4 4

⓲ 5+7=□
5 2

⓳ 8+5=□
2 3

⓴ 7+7=□
3 4

㉑ 9+6=□
1 5

자르는 선

1주 10 만들어 덧셈하기

월 일

㉒ 2+9= ☐
1 1

㉓ 3+8= ☐
1 2

㉔ 4+9= ☐
3 1

㉕ 4+7= ☐
1 3

㉖ 3+9= ☐
2 1

㉗ 6+8= ☐
4 2

㉘ 5+7= ☐
2 3

㉙ 5+9= ☐
4 1

㉚ 7+6= ☐
3 4

㉛ 7+8= ☐
5 2

㉜ 6+7= ☐
3 3

㉝ 8+9= ☐
7 1

㉞ 4+8= ☐
2 2

㉟ 5+6= ☐
1 4

㊱ 6+6= ☐
2 4

㊲ 8+7= ☐
5 3

㊳ 8+6= ☐
4 4

㊴ 7+7= ☐
4 3

㊵ 5+8= ☐
3 2

㊶ 6+9= ☐
5 1

㊷ 7+9= ☐
6 1

자르는 선

2주 두 수의 합

❶ 6+8=□　❷ 5+6=□　❸ 8+6=□

❹ 8+4=□　❺ 4+9=□　❻ 5+8=□

❼ 6+6=□　❽ 7+5=□　❾ 9+4=□

❿ 7+7=□　⓫ 9+2=□　⓬ 8+9=□

⓭ 4+7=□　⓮ 3+9=□　⓯ 7+9=□

⓰ 9+9=□　⓱ 8+8=□　⓲ 9+6=□

⓳ 5 + 7 = □　⓴ 9 + 4 = □　㉑ 6 + 7 = □　㉒ 4 + 8 = □

㉓ 7 + 7 = □　㉔ 3 + 8 = □　㉕ 8 + 5 = □　㉖ 2 + 9 = □

자르는 선

2주 두 수의 합

월 일

㉗ 7+4= ☐

㉘ 6+5= ☐

㉙ 9+8= ☐

㉚ 9+3= ☐

㉛ 8+5= ☐

㉜ 3+8= ☐

㉝ 5+9= ☐

㉞ 5+7= ☐

㉟ 7+6= ☐

㊱ 6+9= ☐

㊲ 6+7= ☐

㊳ 9+5= ☐

㊴ 9+7= ☐

㊵ 8+3= ☐

㊶ 2+9= ☐

㊷ 4+8= ☐

㊸ 7+8= ☐

㊹ 8+7= ☐

㊺
$$\begin{array}{r} 7 \\ +\ 6 \\ \hline \square \end{array}$$

㊻
$$\begin{array}{r} 6 \\ +\ 8 \\ \hline \square \end{array}$$

㊼
$$\begin{array}{r} 4 \\ +\ 7 \\ \hline \square \end{array}$$

㊽
$$\begin{array}{r} 9 \\ +\ 5 \\ \hline \square \end{array}$$

㊾
$$\begin{array}{r} 9 \\ +\ 7 \\ \hline \square \end{array}$$

㊿
$$\begin{array}{r} 8 \\ +\ 7 \\ \hline \square \end{array}$$

51
$$\begin{array}{r} 5 \\ +\ 8 \\ \hline \square \end{array}$$

52
$$\begin{array}{r} 8 \\ +\ 4 \\ \hline \square \end{array}$$

자르는 선

3주 □가 있는 덧셈

❶ 7+□=12　❷ 8+□=11　❸ 6+□=12

❹ 9+□=15　❺ 5+□=11　❻ 8+□=17

❼ 4+□=12　❽ 9+□=12　❾ 8+□=13

❿ 7+□=16　⓫ 7+□=14　⓬ 5+□=13

⓭ 3+□=11　⓮ 6+□=14　⓯ 9+□=12

⓰ 8+□=15　⓱ 9+□=17　⓲ 2+□=11

⓳
```
  3
+ □
----
 1 1
```

⓴
```
  8
+ □
----
 1 4
```

㉑
```
  9
+ □
----
 1 5
```

㉒
```
  5
+ □
----
 1 2
```

㉓
```
  6
+ □
----
 1 2
```

㉔
```
  7
+ □
----
 1 5
```

㉕
```
  4
+ □
----
 1 2
```

㉖
```
  6
+ □
----
 1 1
```

자르는 선

3주 □가 있는 덧셈

월 일

㉗ □+7=12　㉘ □+3=12　㉙ □+4=11

㉚ □+8=16　㉛ □+8=15　㉜ □+9=16

㉝ □+9=13　㉞ □+4=12　㉟ □+5=11

㊱ □+7=16　㊲ □+6=13　㊳ □+5=14

㊴ □+7=13　㊵ □+9=14　㊶ □+6=14

㊷ □+9=12　㊸ □+9=18　㊹ □+9=15

㊺
```
  □
+ 3
----
1 2
```

㊻
```
  □
+ 7
----
1 3
```

㊼
```
  □
+ 8
----
1 5
```

㊽
```
  □
+ 4
----
1 2
```

㊾
```
  □
+ 9
----
1 8
```

㊿
```
  □
+ 6
----
1 3
```

(51)
```
  □
+ 5
----
1 4
```

(52)
```
  □
+ 2
----
1 1
```

자르는 선

4주 세 수의 합

❶ 2+1+8= □

❷ 6+4+2= □

❸ 5+2+6= □

❹ 3+5+3= □

❺ 4+4+7= □

❻ 1+8+9= □

❼ 6+3+2= □

❽ 8+1+2= □

❾ 7+1+8= □

❿ 4+3+5= □

⓫ 5+4+9= □

⓬ 7+2+6= □

⓭ 3+3+6= □

⓮ 2+6+6= □

⓯ 2+2+9= □

⓰ 3+5+6= □

⓱ 6+3+4= □

⓲ 5+4+4= □

⓳ 1+7+9= □

⓴ 4+2+7= □

자르는 선

4주 세 수의 합

월 일

㉑ 3+2+6= ☐

㉒ 4+3+5= ☐

㉓ 7+1+4= ☐

㉔ 2+4+7= ☐

㉕ 6+3+8= ☐

㉖ 5+3+4= ☐

㉗ 3+1+7= ☐

㉘ 4+2+9= ☐

㉙ 2+7+4= ☐

㉚ 8+1+5= ☐

㉛ 5+4+3= ☐

㉜ 7+2+3= ☐

㉝ 1+6+8= ☐

㉞ 6+2+4= ☐

㉟ 4+4+4= ☐

㊱ 3+4+9= ☐

㊲ 6+1+5= ☐

㊳ 2+5+8= ☐

㊴ 3+5+7= ☐

㊵ 4+1+7= ☐

자르는 선

5주 문장이 있는 덧셈

❶ 8보다 6 큰 수는 얼마입니까?

□ + □ = □

❷ 오렌지가 6개, 키위가 6개 있습니다. 과일은 모두 몇 개입니까?

□ + □ = □ 개

❸ 농장에 염소가 7마리, 망아지가 7마리 있습니다. 모두 몇 마리입니까?

□ + □ = □ 마리

❹ 칭찬 스티커를 슬기는 8개, 진우는 6개 모았습니다. 두 사람이 모은 칭찬 스티커는 모두 몇 개입니까?

□ + □ = □ 개

❺ 철호는 딱풀을 3개 가지고 있습니다. 민주는 철호보다 9개 더 가지고 있습니다. 민주가 가지고 있는 딱풀은 모두 몇 개입니까?

□ + □ = □ 개

❻ 재호는 어제 윗몸 일으키기를 8번 하였습니다. 오늘은 어제보다 9번 더 하였습니다. 재호는 오늘 윗몸 일으키기를 몇 번 하였습니까?

□ + □ = □ 번

자르는 선

5주 문장이 있는 덧셈

월 일

❼ 태희는 7살입니다. 8년 후에는 몇 살이 됩니까?

□ + □ = □ 살

❽ 사과가 9개, 딸기가 3개 있습니다. 과일은 모두 몇 개입니까?

□ + □ = □ 개

❾ 야구공이 5개, 농구공이 6개 있습니다. 공은 모두 몇 개입니까?

□ + □ = □ 개

❿ 공깃돌을 소희는 9개, 재희는 8개 가지고 있습니다. 두 사람이 가진 공깃돌은 모두 몇 개입니까?

□ + □ = □ 개

⓫ 동물원에 여우가 6마리 있습니다. 코끼리가 여우보다 9마리 더 많습니다. 코끼리는 몇 마리입니까?

□ + □ = □ 마리

⓬ 재호는 어제 동화책을 4쪽까지 읽었습니다. 오늘은 어제보다 8쪽을 더 읽었습니다. 오늘 몇 쪽을 읽었습니까?

□ + □ = □ 쪽

자르는 선

6주 조각 덧셈

❶

+	1	2	3	4	5	6	7	8	9
1									
2									
3									
4									
5									
6									
7									
8									
9									

자르는 선

6주 조각 덧셈

월 일

❷

+	7	3	2	5	6	1	4	9	8
7									
8									
3									
9									
4									
2									
1									
6									
5									

자르는 선

7주 덧셈 문제해결 (1)

❶

+	1	2	3
1			
2			
3			

❷

+	4	5	6
4			
5			
6			

❸

+	7	8	9
7			
8			
9			

❹

+	1	2	3
4			
5			
6			

❺

+	4	5	6
7			
8			
9			

❻

+	1	2	3
7			
8			
9			

자르는 선

7주 덧셈 문제해결 (1)

월 일

❼

+	3	7	6
2			
8			
5			

❽

+	4	5	9
1			
3			
7			

❾

+	6	4	8
7			
9			
4			

❿

+	2	7	5
3			
8			
6			

⓫

+	5	1	7
5			
4			
8			

⓬

+	8	6	9
4			
7			
5			

자르는 선

8주 덧셈 문제해결 (2)

❶ 3+2+□=13

❷ 5+1+□=14

❸ 2+6+□=15

❹ 3+4+□=12

❺ 7+1+□=16

❻ 2+□+3=11

❼ 6+□+4=13

❽ 8+□+7=16

❾ 7+□+7=15

❿ 4+□+8=17

⓫ 1+□+5=11

⓬ 5+□+4=12

⓭ □+3+7=15

⓮ □+5+9=15

⓯ □+4+4=11

⓰ □+2+5=13

⓱ □+1+9=18

⓲ □+6+5=14

⓳ □+6+8=16

⓴ □+3+8=12

자르는 선

8주 덧셈 문제해결 (2)

월 일

㉑ □+1+8=11

㉒ 6+□+8=15

㉓ 2+□+7=15

㉔ 5+3+□=11

㉕ 3+6+□=11

㉖ □+1+9=18

㉗ 4+□+9=18

㉘ 3+□+5=14

㉙ 1+7+□=16

㉚ 3+4+□=12

㉛ □+4+7=15

㉜ 6+□+6=14

㉝ 1+□+2=11

㉞ □+5+6=13

㉟ 2+2+□=13

㊱ 3+3+□=12

㊲ 2+□+6=15

㊳ 4+□+4=13

㊴ □+1+9=17

㊵ □+3+6=12

자르는 선

정 답

1주 10 만들어 덧셈하기 1~2쪽

❶ 12 ❷ 11 ❸ 13 ❹ 11 ❺ 15 ❻ 14 ❼ 12 ❽ 14 ❾ 13 ❿ 15 ⓫ 13 ⓬ 11
⓭ 12 ⓮ 14 ⓯ 12 ⓰ 15 ⓱ 14 ⓲ 12 ⓳ 13 ⓴ 14 ㉑ 15 ㉒ 11 ㉓ 11 ㉔ 13
㉕ 11 ㉖ 12 ㉗ 14 ㉘ 12 ㉙ 14 ㉚ 13 ㉛ 15 ㉜ 13 ㉝ 17 ㉞ 12 ㉟ 11 ㊱ 12
㊲ 15 ㊳ 14 ㊴ 14 ㊵ 13 ㊶ 15 ㊷ 16

2주 두 수의 합 3~4쪽

❶ 14 ❷ 11 ❸ 14 ❹ 12 ❺ 13 ❻ 13 ❼ 12 ❽ 12 ❾ 13 ❿ 14 ⓫ 11 ⓬ 17
⓭ 11 ⓮ 12 ⓯ 16 ⓰ 18 ⓱ 16 ⓲ 15 ⓳ 12 ⓴ 13 ㉑ 13 ㉒ 12 ㉓ 14 ㉔ 11
㉕ 13 ㉖ 11 ㉗ 11 ㉘ 11 ㉙ 17 ㉚ 12 ㉛ 13 ㉜ 11 ㉝ 14 ㉞ 12 ㉟ 13 ㊱ 15
㊲ 13 ㊳ 14 ㊴ 16 ㊵ 11 ㊶ 11 ㊷ 12 ㊸ 15 ㊹ 15 ㊺ 13 ㊻ 14 ㊼ 11 ㊽ 14
㊾ 16 ㊿ 15 (51) 13 (52) 12

3주 □가 있는 덧셈 5~6쪽

❶ 5 ❷ 3 ❸ 6 ❹ 6 ❺ 6 ❻ 9 ❼ 8 ❽ 3 ❾ 5 ❿ 9 ⓫ 7 ⓬ 8
⓭ 8 ⓮ 8 ⓯ 3 ⓰ 7 ⓱ 8 ⓲ 9 ⓳ 8 ⓴ 6 ㉑ 6 ㉒ 7 ㉓ 6 ㉔ 8
㉕ 8 ㉖ 5 ㉗ 5 ㉘ 9 ㉙ 7 ㉚ 8 ㉛ 7 ㉜ 7 ㉝ 4 ㉞ 8 ㉟ 6 ㊱ 9
㊲ 7 ㊳ 9 ㊴ 6 ㊵ 5 ㊶ 8 ㊷ 3 ㊸ 9 ㊹ 6 ㊺ 9 ㊻ 6 ㊼ 7 ㊽ 8
㊾ 9 ㊿ 7 (51) 9 (52) 9

4주 세 수의 합 7~8쪽

❶ 11 ❷ 12 ❸ 13 ❹ 11 ❺ 15 ❻ 18 ❼ 11 ❽ 11 ❾ 16 ❿ 12 ⓫ 18 ⓬ 15
⓭ 12 ⓮ 14 ⓯ 13 ⓰ 14 ⓱ 13 ⓲ 13 ⓳ 17 ⓴ 13 ㉑ 11 ㉒ 12 ㉓ 12 ㉔ 13
㉕ 17 ㉖ 12 ㉗ 11 ㉘ 15 ㉙ 13 ㉚ 14 ㉛ 12 ㉜ 12 ㉝ 15 ㉞ 12 ㉟ 12 ㊱ 16
㊲ 12 ㊳ 15 ㊴ 15 ㊵ 12

5주 문장이 있는 덧셈 9~10쪽

❶ 8, 6, 14 ❷ 6, 6, 12 ❸ 7, 7, 14 ❹ 8, 6, 14 ❺ 3, 9, 12 ❻ 8, 9, 17
❼ 7, 8, 15 ❽ 9, 3, 12 ❾ 5, 6, 11 ❿ 9, 8, 17 ⓫ 6, 9, 15 ⓬ 4, 8, 12

6주 조각 덧셈 11~12쪽

❶ 2, 3, 4, 5, 6, 7, 8, 9, 10/3, 4, 5, 6, 7, 8, 9, 10, 11/4, 5, 6, 7, 8, 9, 10, 11, 12/5, 6, 7, 8, 9, 10, 11, 12, 13/6, 7, 8, 9, 10, 11, 12, 13, 14/7, 8, 9, 10, 11, 12, 13, 14, 15/8, 9, 10, 11, 12, 13, 14, 15, 16/9, 10, 11, 12, 13, 14, 15, 16, 17/10, 11, 12, 13, 14, 15, 16, 17, 18
❷ 14, 10, 9, 12, 13, 8, 11, 16, 15/15, 11, 10, 13, 14, 9, 12, 17, 16/10, 6, 5, 8, 9, 4, 7, 12, 11 / 16, 12, 11, 14, 15, 10, 13, 18, 17/11, 7, 6, 9, 10, 5, 8, 13, 12/9, 5, 4, 7, 8, 3, 6, 11, 10/8, 4, 3, 6, 7, 2, 5, 10, 9/13, 9, 8, 11, 12, 7, 10, 15, 14/12, 8, 7, 10, 11, 6, 9, 14, 13

7주 덧셈 문제해결 (1) 13~14쪽

❶ 2, 3, 4, 3, 4, 5, 4, 5, 6
❷ 8, 9, 10, 9, 10, 11, 10, 11, 12
❸ 14, 15, 16, 15, 16, 17, 16, 17, 18
❹ 5, 6, 7, 6, 7, 8, 7, 8, 9
❺ 11, 12, 13, 12, 13, 14, 13, 14, 15
❻ 8, 9, 10, 9, 10, 11, 10, 11, 12
❼ 5, 9, 8, 11, 15, 14, 8, 12, 11
❽ 5, 6, 10, 7, 8, 12, 11, 12, 16
❾ 13, 11, 15, 15, 13, 17, 10, 8, 12
❿ 5, 10, 8, 10, 15, 13, 8, 13, 11
⓫ 10, 6, 12, 9, 5, 11, 13, 9, 15
⓬ 12, 10, 13, 15, 13, 16, 13, 11, 14

8주 덧셈 문제해결 (2) 15~16쪽

❶ 8 ❷ 8 ❸ 7 ❹ 5 ❺ 8 ❻ 6 ❼ 3 ❽ 1 ❾ 1 ❿ 5 ⓫ 5 ⓬ 3
⓭ 5 ⓮ 1 ⓯ 3 ⓰ 6 ⓱ 8 ⓲ 3 ⓳ 2 ⓴ 1 ㉑ 2 ㉒ 1 ㉓ 6 ㉔ 3
㉕ 2 ㉖ 8 ㉗ 5 ㉘ 6 ㉙ 8 ㉚ 5 ㉛ 4 ㉜ 2 ㉝ 8 ㉞ 2 ㉟ 9 ㊱ 6
㊲ 7 ㊳ 5 ㊴ 7 ㊵ 3

사고셈

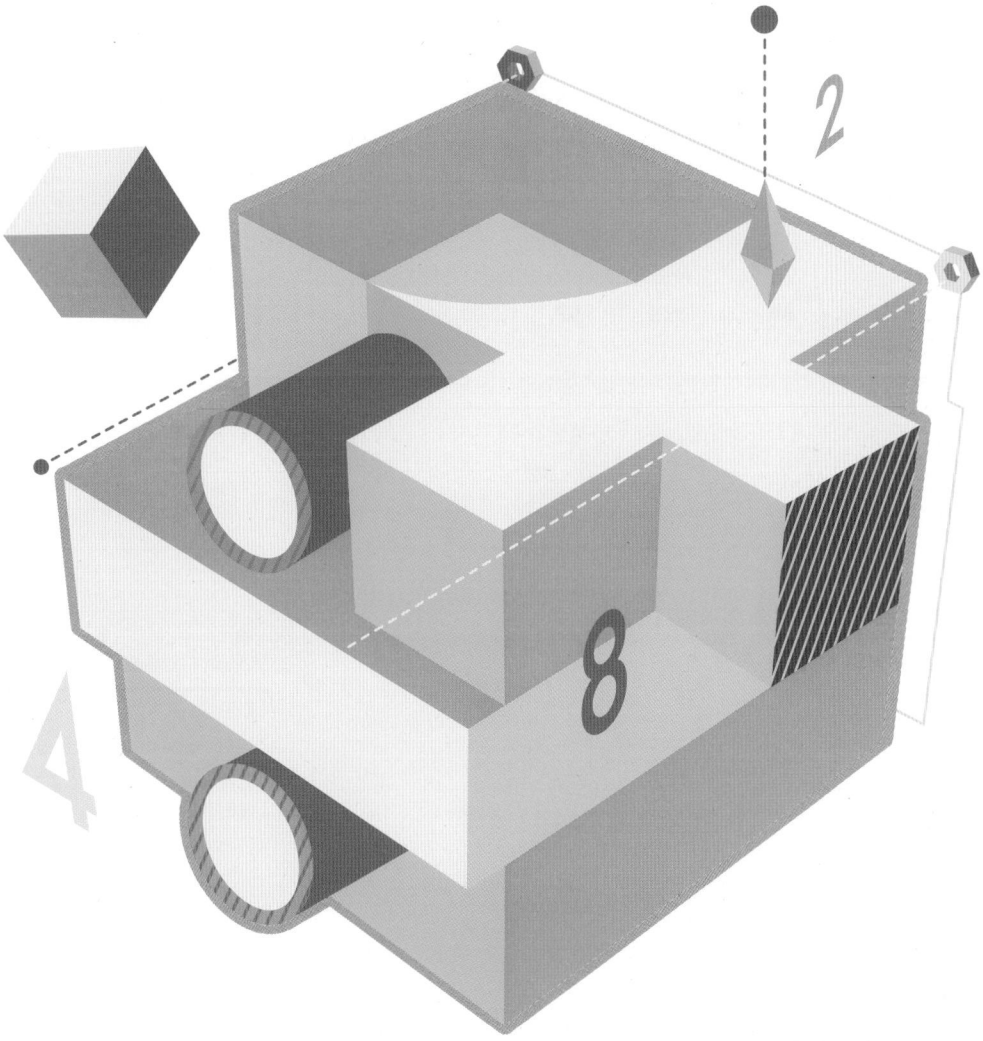

초등1 1호

이 책의 구성과 특징

생각의 힘을 키우는 사고(思考)셈은 1주 4개, 8주 32개의 사고력 유형 학습을 통해 수와 연산에 대한 개념의 응용력(추론 및 문제해결능력)을 키울 수 있도록 하였습니다.

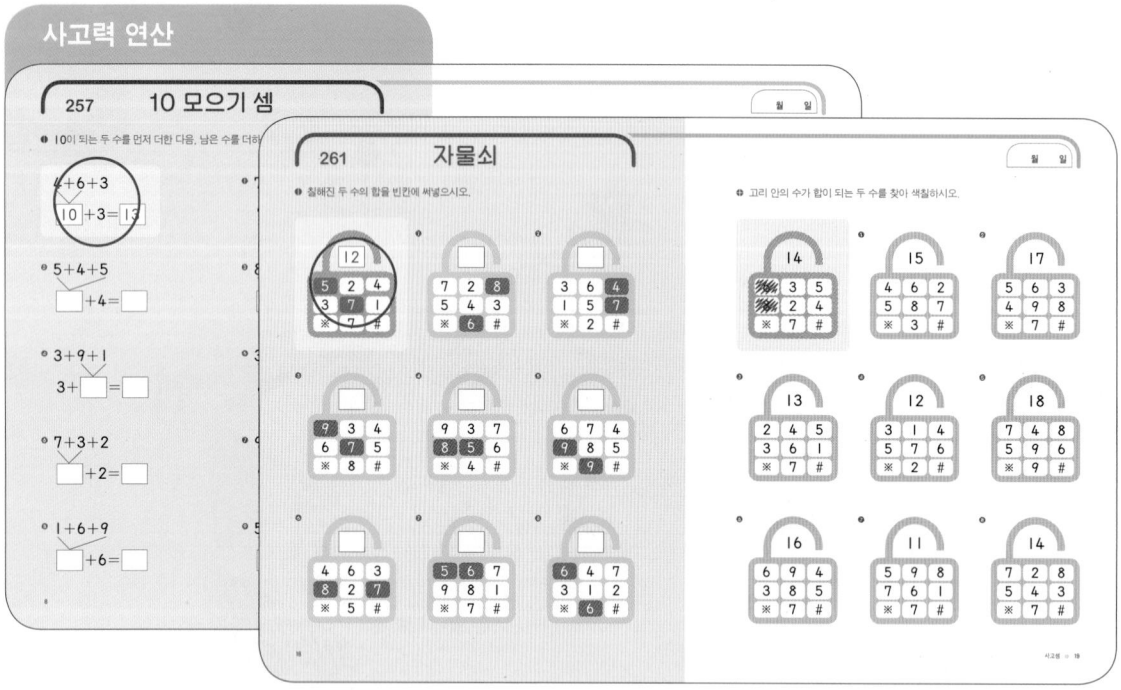

- 대표 사고력 유형으로 연산 원리를 쉽게쉽게
- 1~4일차: 다양한 유형의 주 진도 학습

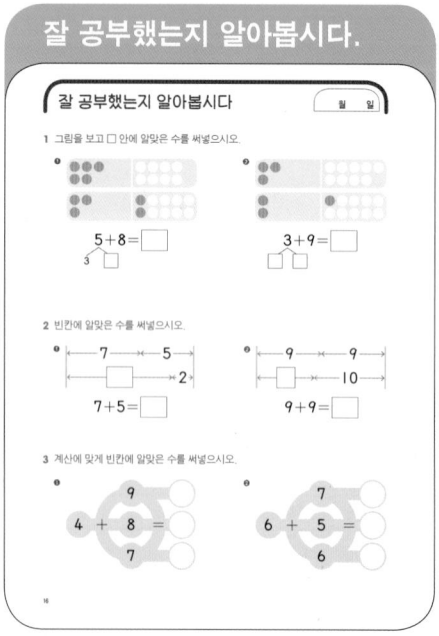

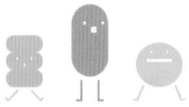

- 5일차 점검 학습: 주 진도 학습 확인

권두부록 (기본연산 Check-Book)

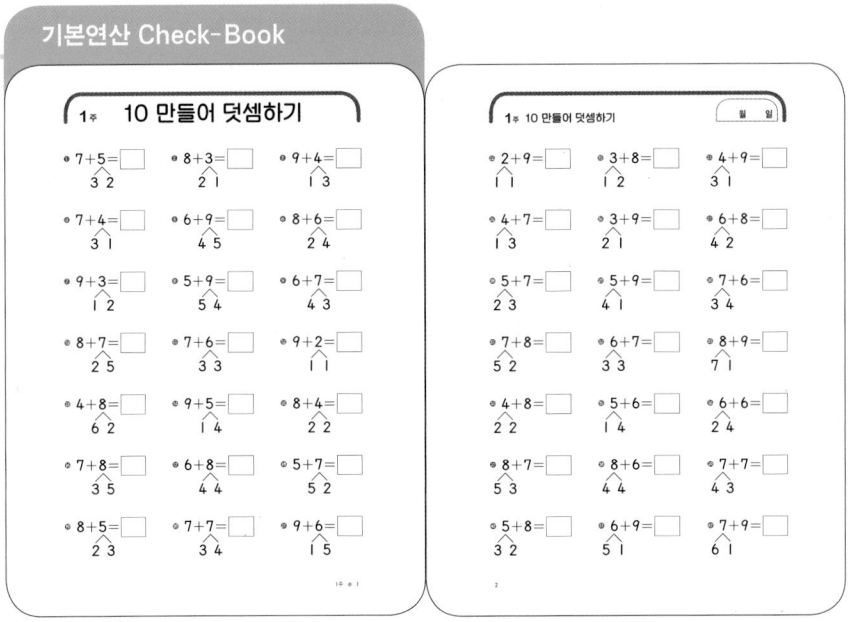

기본연산 Check-Book

1주 10 만들어 덧셈하기

- 7+5=□ (3 2)
- 8+3=□ (2 1)
- 9+4=□ (1 3)
- 7+4=□ (3 1)
- 6+9=□ (4 5)
- 8+6=□ (2 4)
- 9+3=□ (1 2)
- 5+9=□ (5 4)
- 6+7=□ (4 3)
- 8+7=□ (2 5)
- 7+6=□ (3 3)
- 9+2=□ (1 1)
- 4+8=□ (6 2)
- 9+5=□ (1 4)
- 8+4=□ (2 2)
- 7+8=□ (3 5)
- 6+8=□ (4 4)
- 5+7=□ (5 2)
- 8+5=□ (2 3)
- 7+7=□ (3 4)
- 9+6=□ (1 5)

1주 10 만들어 덧셈하기 월 일

- 2+9=□ (1 1)
- 3+8=□ (1 2)
- 4+9=□ (3 1)
- 4+7=□ (1 3)
- 3+9=□ (2 1)
- 6+8=□ (4 2)
- 5+7=□ (2 3)
- 5+9=□ (4 1)
- 7+6=□ (3 4)
- 7+8=□ (5 2)
- 6+7=□ (3 3)
- 8+9=□ (7 1)
- 4+8=□ (2 2)
- 5+6=□ (1 4)
- 6+6=□ (2 4)
- 8+7=□ (5 3)
- 8+6=□ (4 4)
- 7+7=□ (4 3)
- 5+8=□ (3 2)
- 6+9=□ (5 1)
- 7+9=□ (6 1)

- 본 학습 전 기본연산 실력 진단

권말부록 (G-Book)

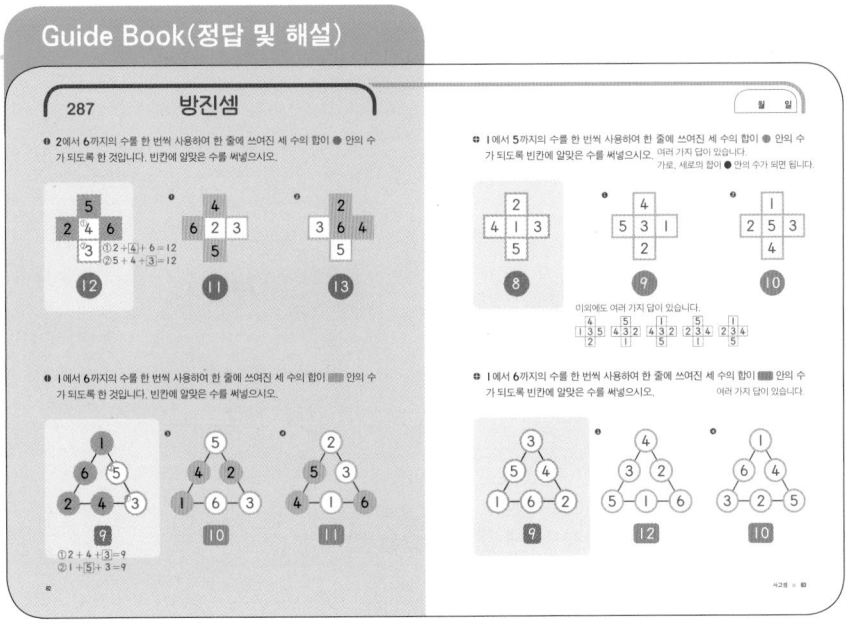

Guide Book(정답 및 해설)

287 방진셈

- 2에서 6까지의 수를 한 번씩 사용하여 한 줄에 쓰여진 세 수의 합이 ● 안의 수가 되도록 한 것입니다. 빈칸에 알맞은 수를 써넣으시오.

① 2+4+6=12
② 5+4+3=12

12 / 11 / 13

- 1에서 6까지의 수를 한 번씩 사용하여 한 줄에 쓰여진 세 수의 합이 ▩ 안의 수가 되도록 한 것입니다. 빈칸에 알맞은 수를 써넣으시오.

9 / 10 / 11

① 2+4+3=9
② 1+5+3=9

월 일

- 1에서 5까지의 수를 한 번씩 사용하여 한 줄에 쓰여진 세 수의 합이 ● 안의 수가 되도록 빈칸에 알맞은 수를 써넣으시오. 여러 가지 답이 있습니다.
가로, 세로의 합이 ● 안의 수가 되면 됩니다.

8 / 9 / 10

이외에도 여러 가지 답이 있습니다.

- 1에서 6까지의 수를 한 번씩 사용하여 한 줄에 쓰여진 세 수의 합이 ▩ 안의 수가 되도록 빈칸에 알맞은 수를 써넣으시오. 여러 가지 답이 있습니다.

9 / 12 / 10

- 문제와 답을 한 눈에!
- 상세한 풀이와 친절한 해설, 답

학습 효과 및 활용법

학습 효과

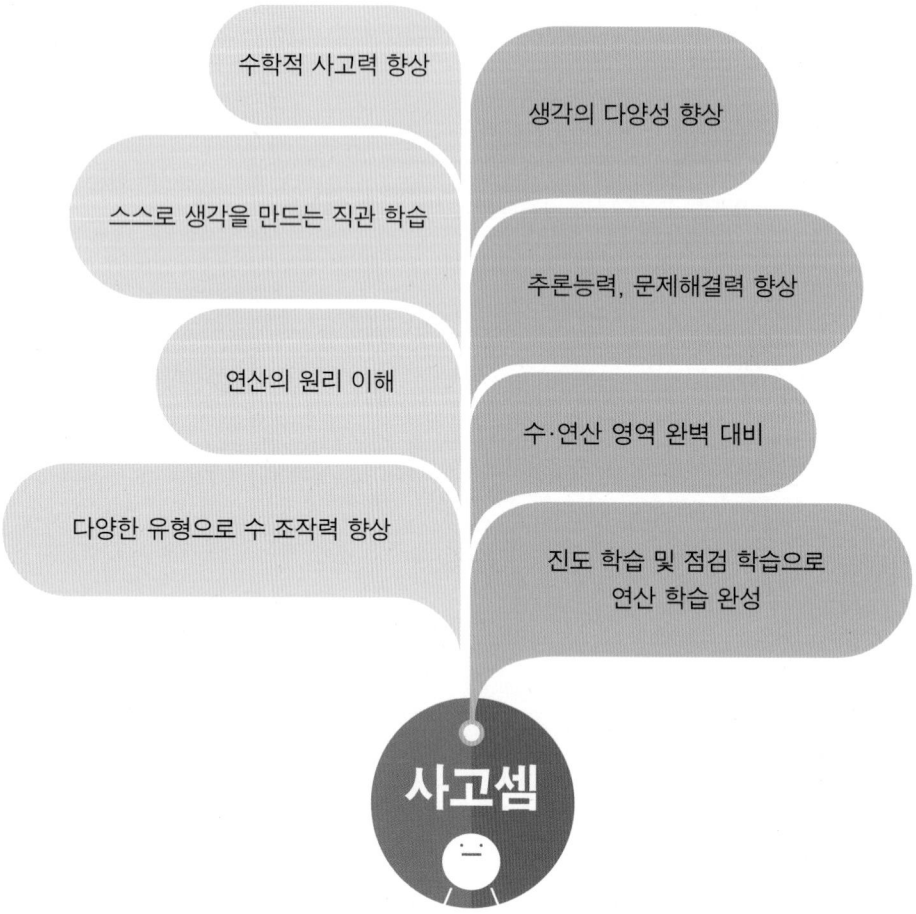

주차별 활용법

1단계 : 기본연산 Check-Book으로 사고력 연산을 위한 준비 학습을 합니다.

2단계 : 사고력 유형으로 사고력 연산의 진도 학습을 합니다.

3단계 : 한 주마다 점검 학습(잘 공부했는지 알아봅시다)으로 사고력 향상을 확인합니다.

학습 구성

6세

1호	10까지의 수
2호	더하기 빼기 1과 2
3호	합이 9까지인 덧셈
4호	한 자리 수의 뺄셈과 세 수의 계산

7세

1호	한 자리 수의 덧셈과 뺄셈
2호	10 만들기
3호	50까지의 수
4호	더하기 빼기 1과 2, 10과 20

초등 1

1호	덧셈구구
2호	뺄셈구구와 덧셈, 뺄셈 혼합
3호	100까지의 수, 1000까지의 수
4호	받아올림, 받아내림 없는 두 자리 수의 계산

초등 2

1호	두 자리 수와 한 자리 수의 덧셈과 뺄셈
2호	두 자리 수의 덧셈과 뺄셈
3호	곱셈구구
4호	곱셈과 나눗셈 구구

초등 3

1호	세·네 자리 수의 덧셈과 뺄셈
2호	분수와 소수의 기초
3호	두 자리 수의 곱셈과 나눗셈
4호	분수

초등 4

1호	분수의 덧셈과 뺄셈
2호	혼합 계산
3호	소수의 덧셈과 뺄셈
4호	어림하기

이 책의 학습 로드맵

START
시작

1주
10 만들어 덧셈하기

2주
두 수의 합

3주
□가 있는 덧셈

4주
세 수의 합

5주
문장이 있는 덧셈

6주
조각 덧셈

7주
덧셈 문제해결 (1)

8주
덧셈 문제해결 (2)

GOAL
완성

1 10 만들어 덧셈하기

257 10 모으기 셈

258 가르기 덧셈

259 치수선

260 갈림길

257 10 모으기 셈

10이 되는 두 수를 먼저 더한 다음, 남은 수를 더하시오.

4+6+3

10+3=13

❶ 7+2+8

7+□=□

❷ 5+4+5

□+4=□

❸ 8+2+5

□+5=□

❹ 3+9+1

3+□=□

❺ 3+8+7

8+□=□

❻ 7+3+2

□+2=□

❼ 9+6+4

9+□=□

❽ 1+6+9

□+6=□

❾ 5+5+1

□+1=□

✚ 합이 10이 되는 두 수를 찾아 ○표 한 후, 선으로 잇고 계산을 하시오.

4+6+3=13

10

❶ 7+9+3=□

10

❷ 7+9+1=□

10

❸ 6+3+4=□

10

❹ 3+7+5=□

10

❺ 5+1+5=□

10

❻ 8+4+6=□

10

❼ 1+9+4=□

10

❽ 6+2+8=□

10

❾ 7+2+3=□

10

258 가르기 덧셈

◐ 10이 되도록 ○를 그리고, ●를 /로 지워 덧셈을 하시오.

8+4=12

❶

9+5=

❷

7+6=

❸

8+3=

4+7=11

❹

3+9=

❺

5+8=

❻

4+8=

월 일

10이 되도록 수를 갈라 덧셈을 합니다. 빈칸에 알맞은 수를 써넣으시오.

8+6= 14
2 4
10

❶ 9+2= □
□ □
10

❷ 7+5= □
□ □
10

❸ 9+3= □
□ □
10

❹ 8+7= □
□ □
10

❺ 8+5= □
□ □
10

2+9= 11
1 1
10

❻ 6+8= □
□ □
10

❼ 4+7= □
□ □
10

❽ 4+9= □
□ □
10

❾ 6+9= □
□ □
10

❿ 7+8= □
□ □
10

259 치수선

◐ 빈칸에 알맞은 수를 써넣으시오.

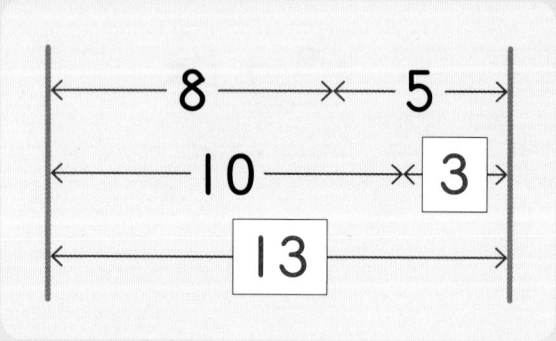

❶
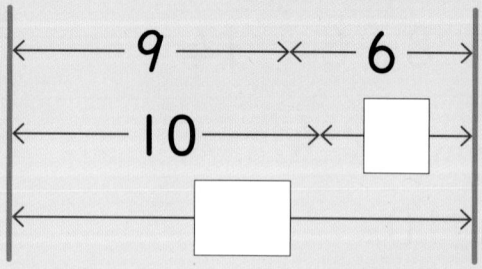

❷
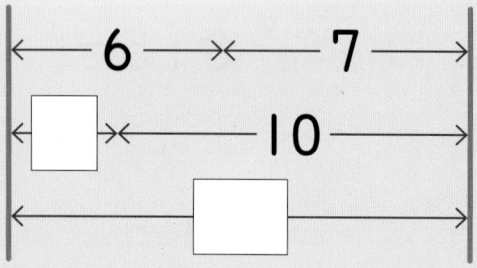

❸
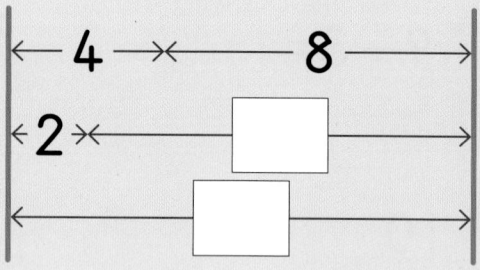

❹
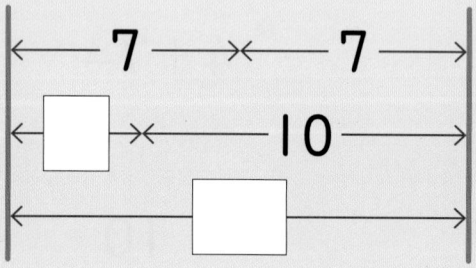

❺
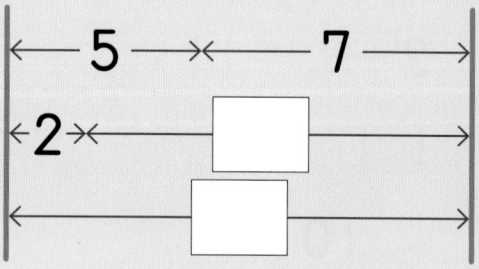

❻
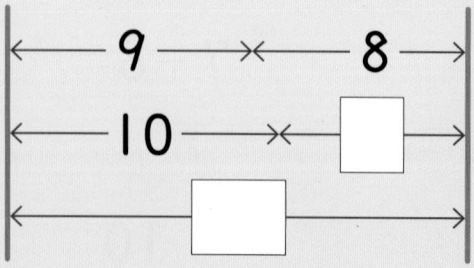

❼
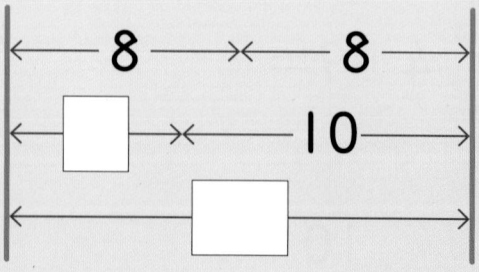

⊕ 빈칸에 알맞은 수를 써넣으시오.

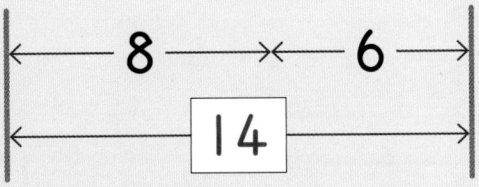

$8+6=10+\boxed{4}$

$=\boxed{14}$

❶

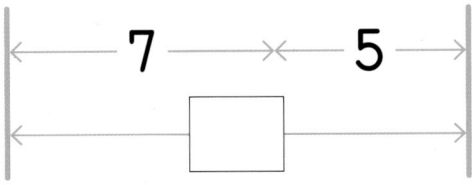

$7+5=10+\square$

$=\square$

❷

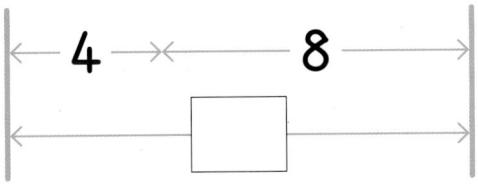

$4+8=\square+10$

$=\square$

❸

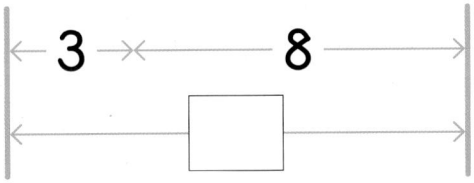

$3+8=\square+10$

$=\square$

❹

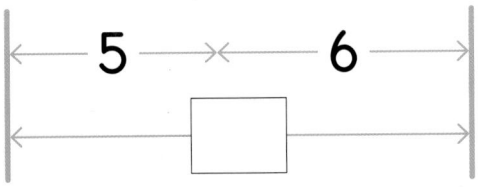

$5+6=\square+10$

$=\square$

❺

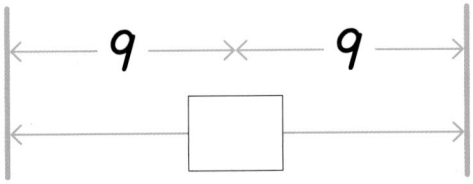

$9+9=10+\square$

$=\square$

260 갈림길

◐ 계산에 맞게 선을 그으시오.

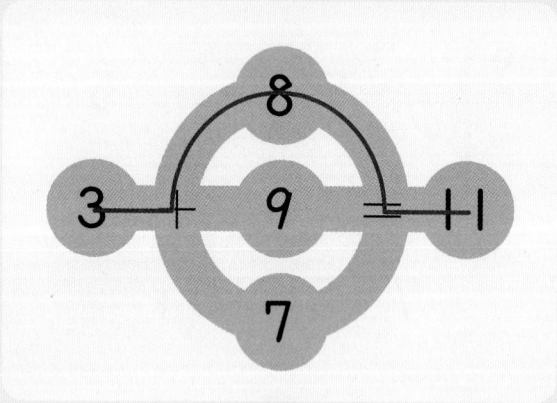

❶
4
6 + 6 = 13
7

❷
6
9 + 8 = 17
9

❸
7
7 + 4 = 13
6

❹
6
5 + 9 = 14
5

❺
7
4 + 8 = 11
9

❻
7
2 + 5 = 11
9

❼
3
8 + 8 = 16
7

월 일

계산에 맞게 빈칸에 알맞은 수를 써넣으시오.

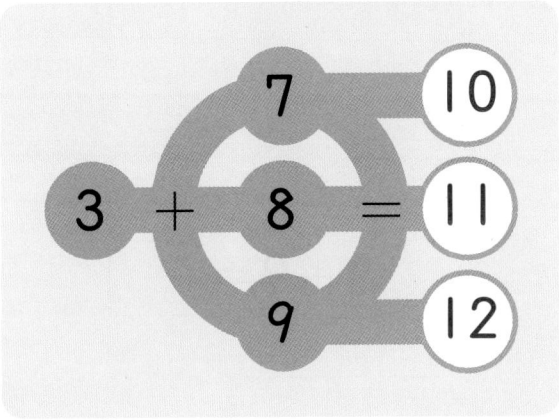

❶

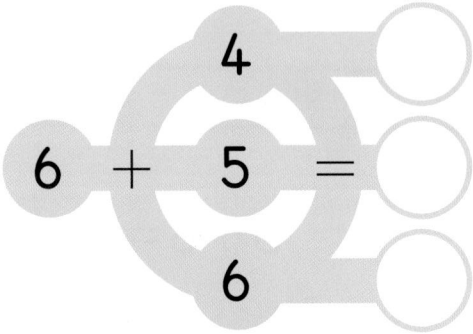

❷

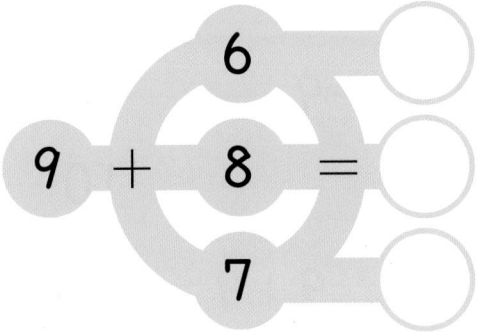

❸

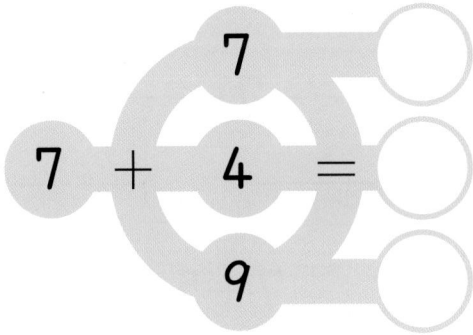

❹

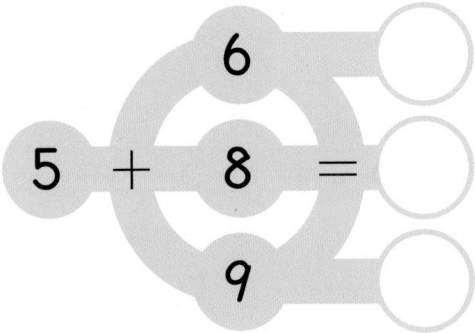

❺

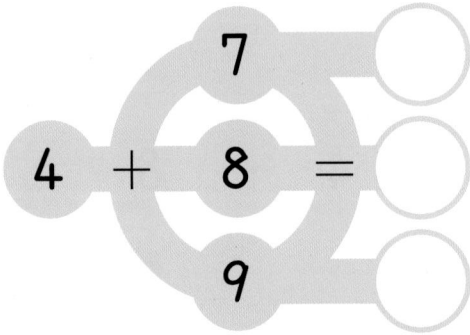

잘 공부했는지 알아봅시다

월 일

1 그림을 보고 □ 안에 알맞은 수를 써넣으시오.

❶

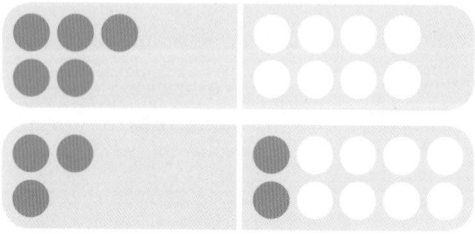

5+8=□

3 □

❷

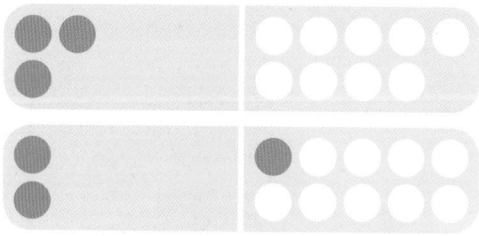

3+9=□

□ □

2 빈칸에 알맞은 수를 써넣으시오.

❶

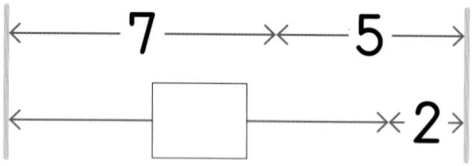

7+5=□

❷

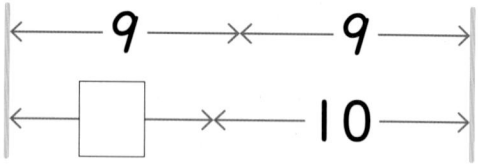

9+9=□

3 계산에 맞게 빈칸에 알맞은 수를 써넣으시오.

❶

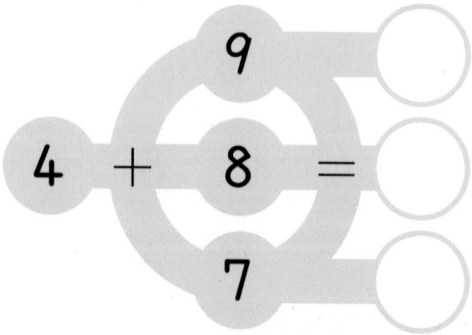

❷

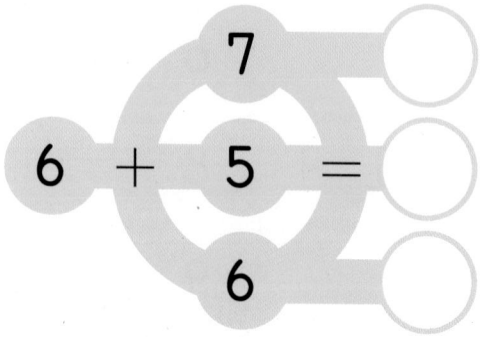

2 두 수의 합

261 자물쇠

262 도형 연결

263 카드셈

264 계산기

261 자물쇠

◐ 칠해진 두 수의 합을 빈칸에 써넣으시오.

❶

❷

❸

❹

❺

❻

❼

❽

⊕ 고리 안의 수가 합이 되는 두 수를 찾아 색칠하시오.

❶

❷

❸

❹

❺

❻

❼

❽

262 도형 연결

◐ 두 수의 합이 ● 안의 수가 되도록 선으로 이으시오.

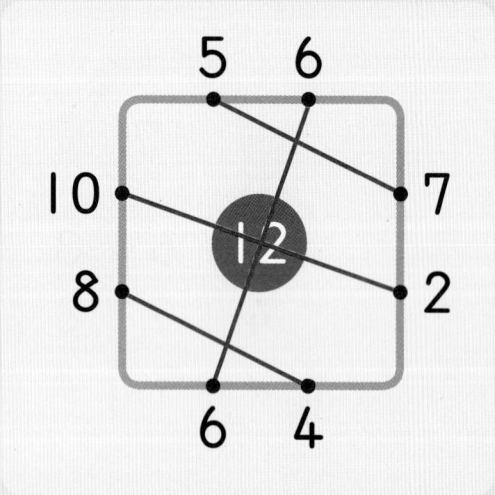

❶

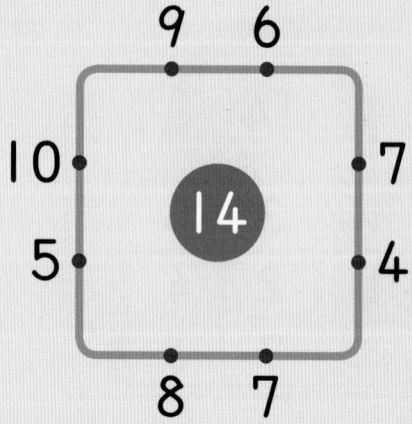

❷

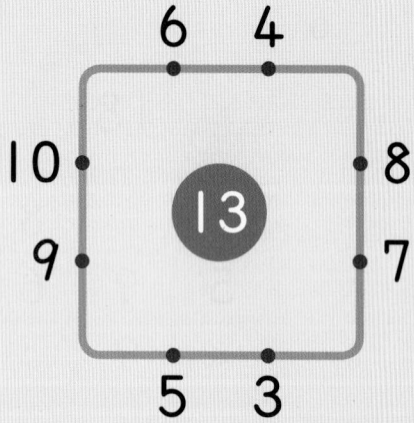

❸

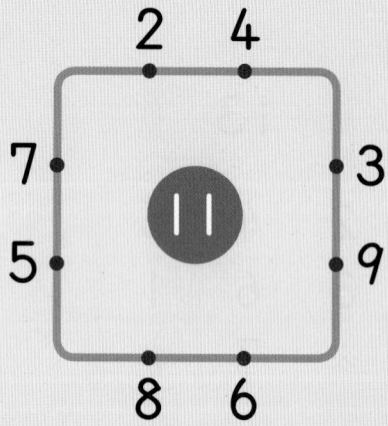

❹

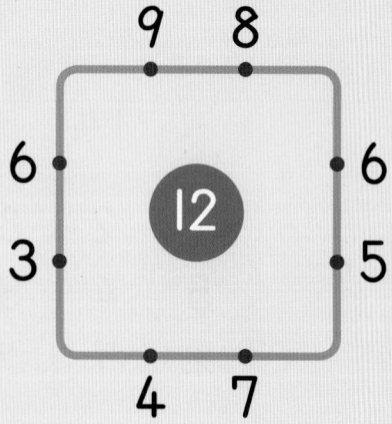

❺

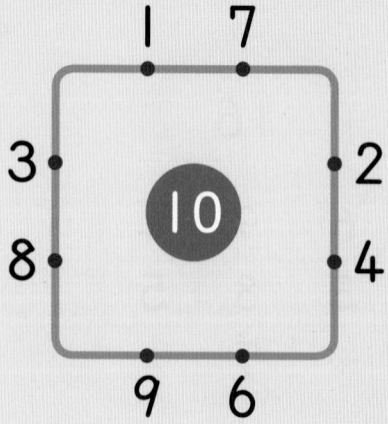

⊕ 이어진 두 수의 합이 같도록 선으로 잇고, ○ 안에 두 수의 합을 써넣으시오.

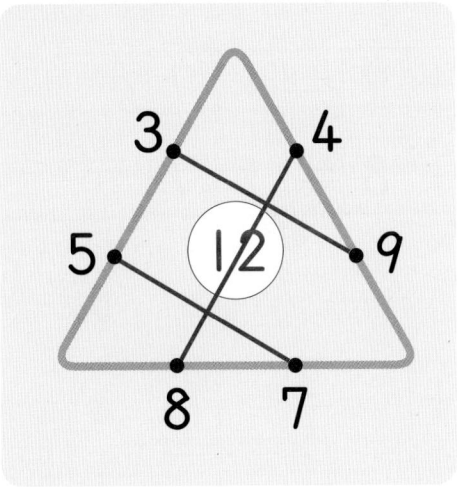

❶

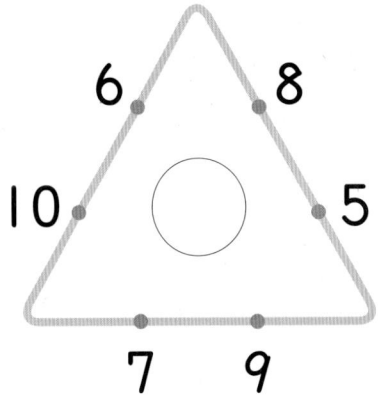

❷

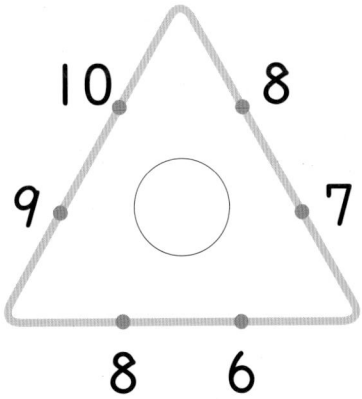

❸

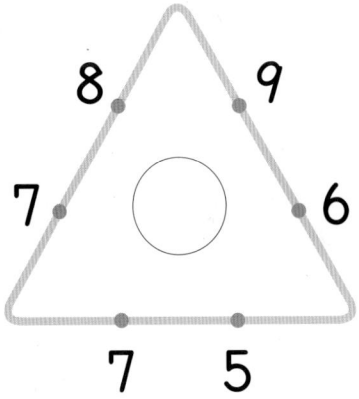

❹

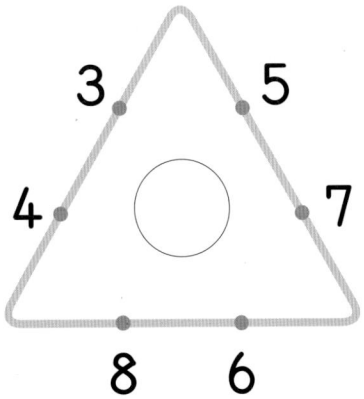

❺

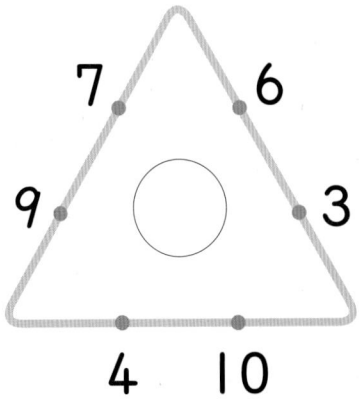

263 카드셈

❶ 숫자 카드를 한 번씩 모두 사용하여 덧셈식을 만드시오.

9 8 1 7 → 8 + 9 = 17
9 + 8 = 17

❶ 4 5 1 9 → □ + □ = □□
□ + □ = □□

❷ 1 2 1 9 → □ + □ = □□
□ + □ = □□

❸ 1 8 7 5 → □ + □ = □□
□ + □ = □□

❹ 6 7 1 3 → □ + □ = □□
□ + □ = □□

➕ 숫자 카드를 한 번씩 모두 사용하여 덧셈식을 두 개 만드시오.

5 7 8 1 → 7+8=15, 8+7=15

❶ 7 9 1 8 → _____

❷ 1 9 4 3 → _____

❸ 6 3 7 1 → _____

❹ 2 7 5 1 → _____

❺ 6 4 8 1 → _____

264 계산기

◐ 칠해진 숫자판을 눌러 덧셈한 것입니다. 계산 결과를 빈칸에 써넣으시오.

❶
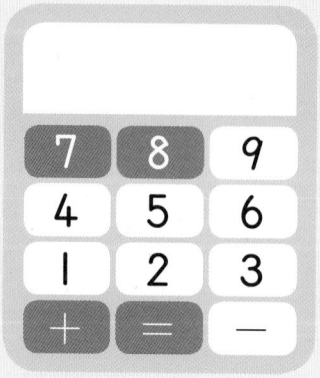

❷
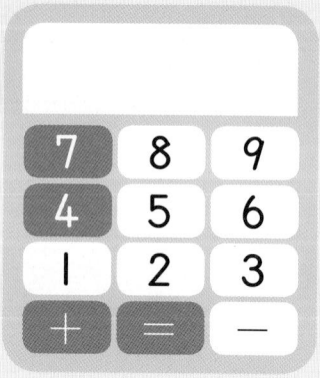

❸
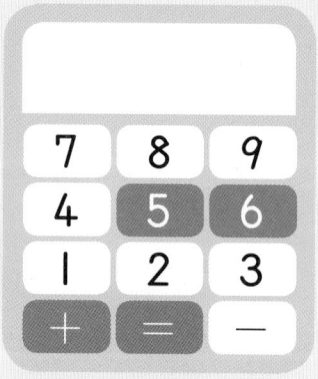

❹
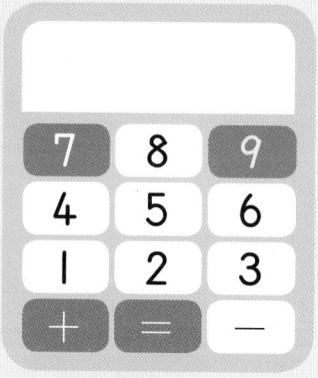

❺
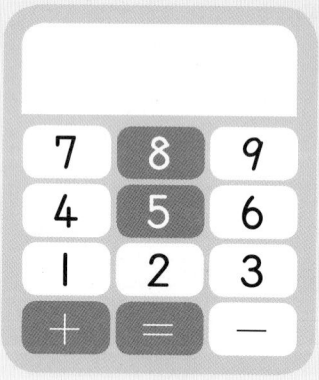

❻
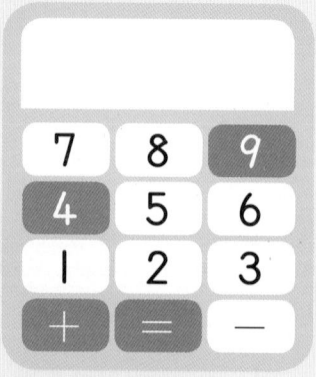

❼
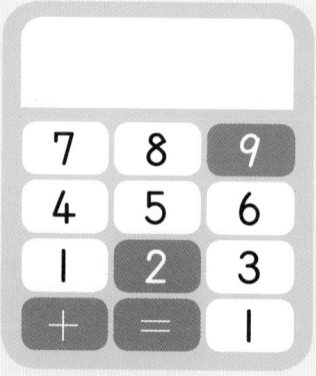

❽

월 일

⊕ 계산 결과를 보고 덧셈한 두 수를 빈칸에 쓰시오. 단, 작은 수부터 씁니다.

(4, 9)
(5, 8)
(6, 7)

❶

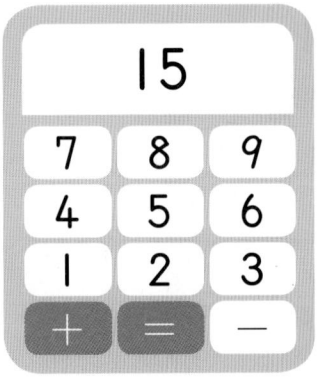

(,)
(,)

❷

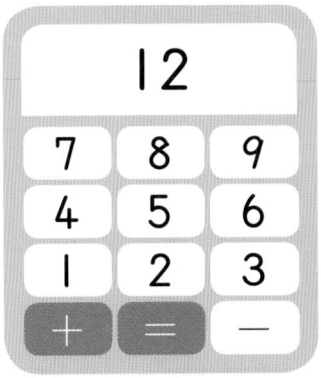

(,)
(,)
(,)
(,)

❸

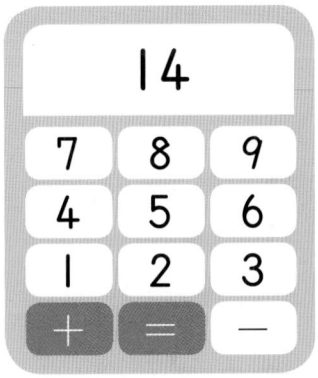

(,)
(,)
(,)

❹

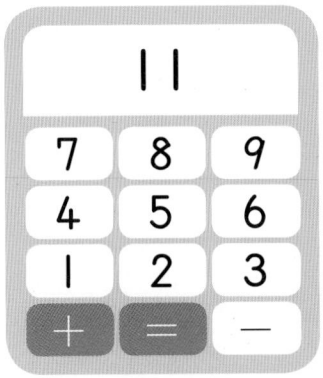

(,)
(,)
(,)
(,)

❺

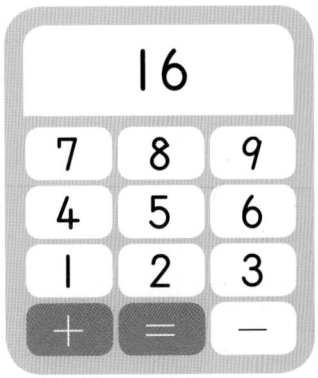

(,)
(,)

잘 공부했는지 알아봅시다

월 일

1 고리 안의 수가 합이 되는 두 수를 찾아 색칠하시오.

❶

❷

2 이어진 두 수의 합이 같도록 선으로 잇고, 두 수의 합을 ○ 안에 써넣으시오.

❶

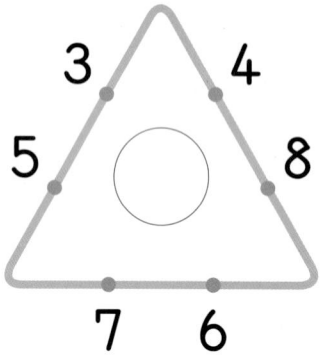

❷

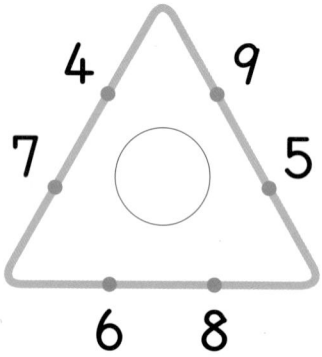

3 숫자 카드를 한 번씩 모두 사용하여 덧셈식을 두 개 만드시오.

→ _____

_____

3 □가 있는 덧셈

265 수직선

266 비행기

267 하우스

268 다리 잇기

265 수직선

❶ 빈칸에 알맞은 수를 써넣으시오.

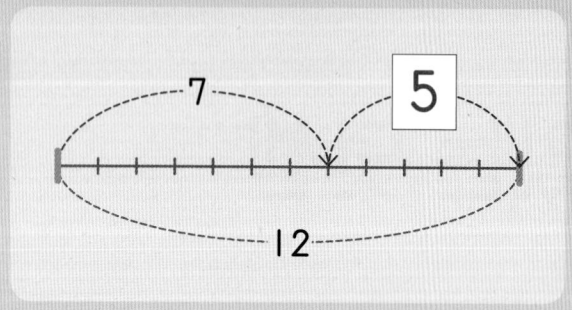

❶
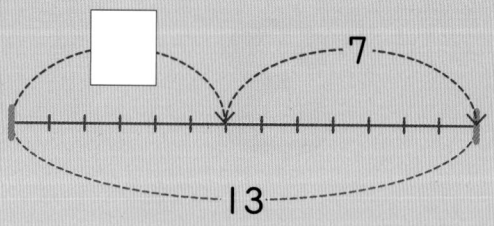

❷
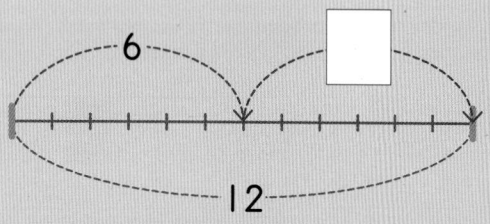

❸
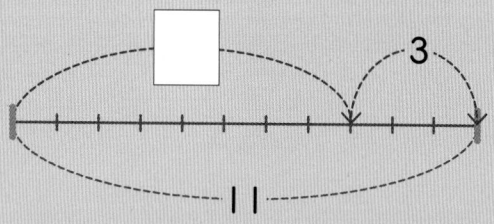

❹
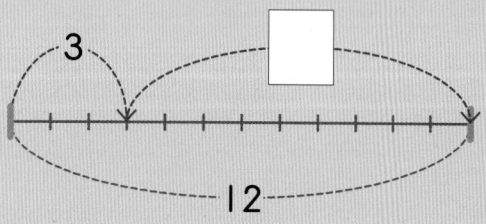

❺
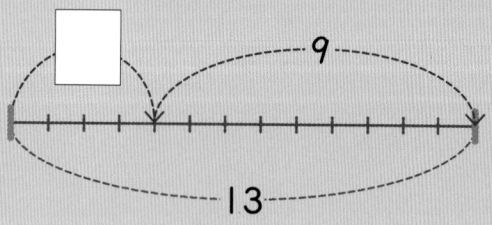

❻
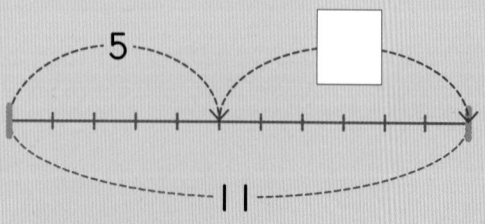

❼
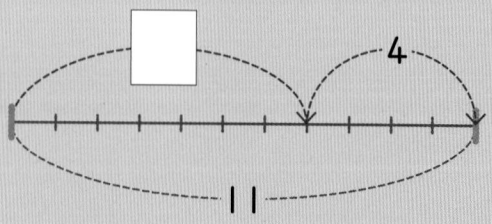

빈칸에 알맞은 수를 써넣으시오.

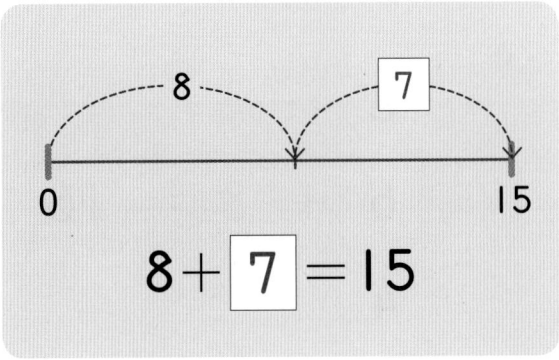

❶

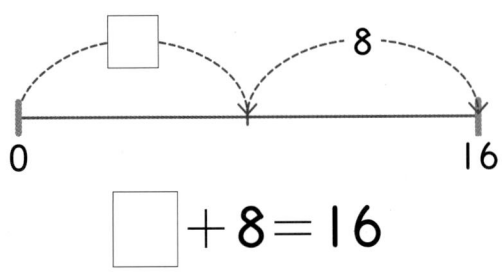

❷

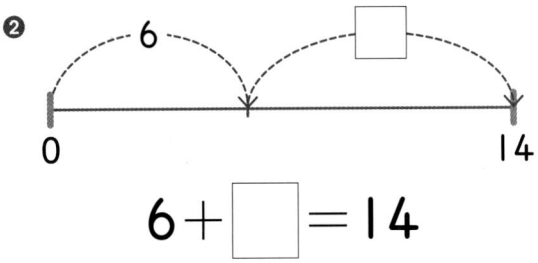

❸

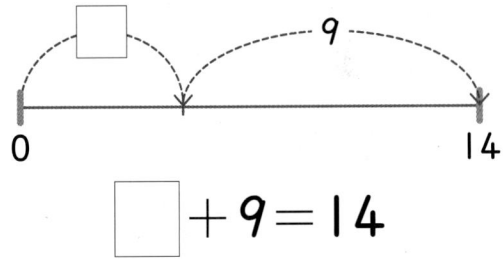

❹

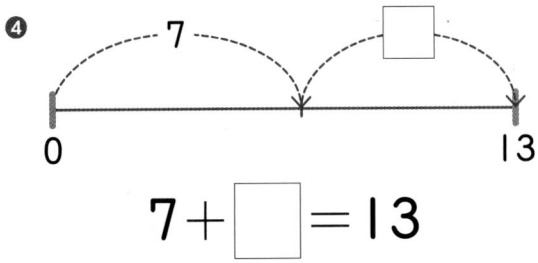

❺

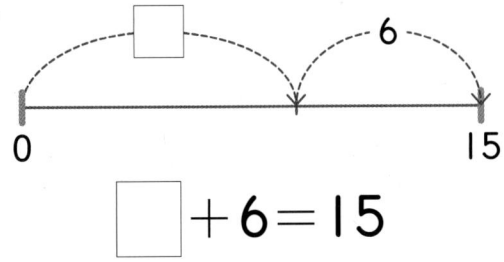

❻

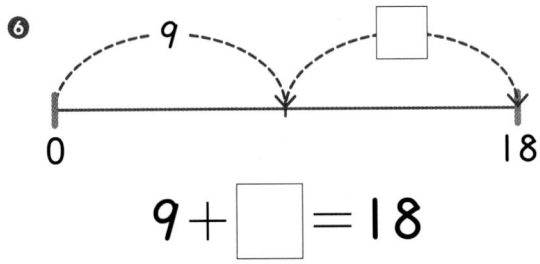

❼

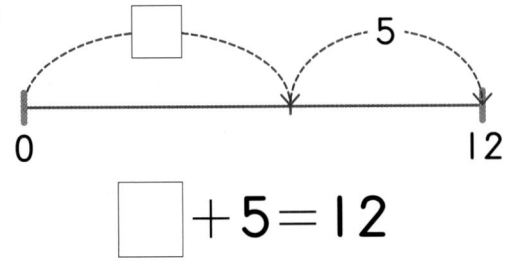

266 비행기

◐ 알맞은 수에 ○표 하시오.

6 + 9 = 13
6 + 8 = 13
6 + 7 = 13

❶ 8 / 6 / 4
6 + 8 = 16

❷ 2 / 9 / 7
9 + 9 = 16

❸ 9 / 7 / 8
7 + 3 = 12

❹ 4 / 9 / 8
7 + 9 = 11

❺ 5 / 6 / 4
6 + 6 = 12

❻ 8 / 6 / 9
4 + 6 = 13

❼ 8 / 7 / 6
7 + 9 = 15

⊕ 빈칸에 알맞은 수를 써넣으시오.

8 + 5 = 13
8 = 16
4 = 12

❶ 6 + 9 = 12
4

❷ 6 + = 14
= 15
12

❸ 7 + 9 = 11
8

❹ 7 + = 13
= 16
15

❺ 4 + 8 = 13
7

❻ 5 + = 12
= 11
13

❼ 5 + 8 = 14
7

267

하우스

◐ 덧셈을 하여 빈칸에 알맞은 수를 써넣으시오.

+ 7	
4	11
6	13
8	15

❶

+ 5	
9	
6	
7	

❷

+ 6	
4	
7	
9	

❸

+ 3	
8	
7	
9	

❹

+ 8	
2	
5	
9	

❺

+ 9	
3	
9	
5	

❻

+ 4	
9	
7	
8	

❼

+ 8	
8	
4	
7	

❽

+ 7	
9	
7	
5	

⊕ 빈칸에 알맞은 수를 써넣으시오.

❶

❷

❸

❹

❺

❻

❼

❽

268 다리 잇기

◐ 이어진 두 수의 합이 오른쪽 수가 되도록 빈칸에 알맞은 수를 써넣으시오.

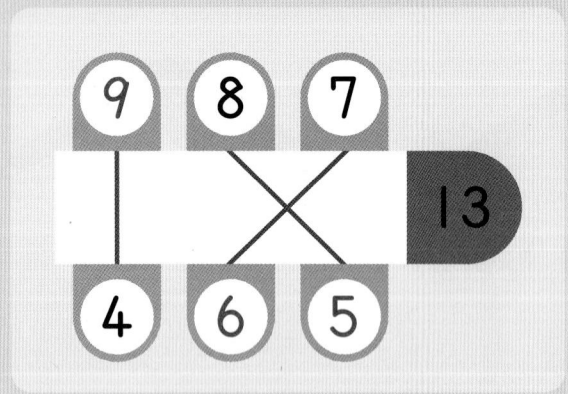

❶

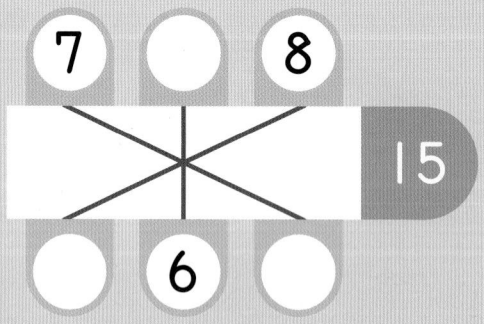

❷

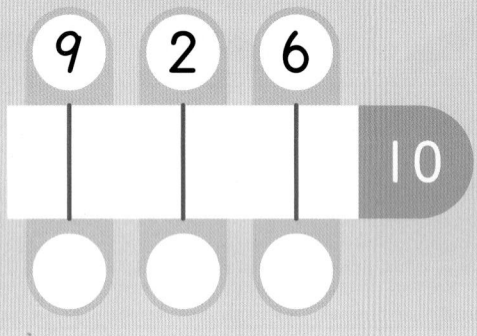

❸

❹

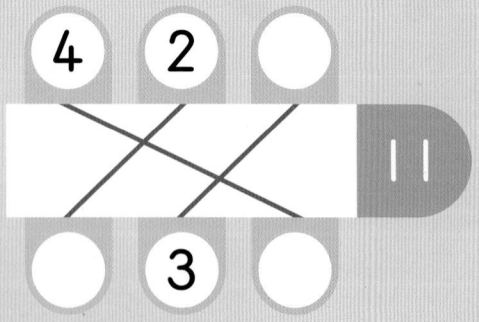

❺

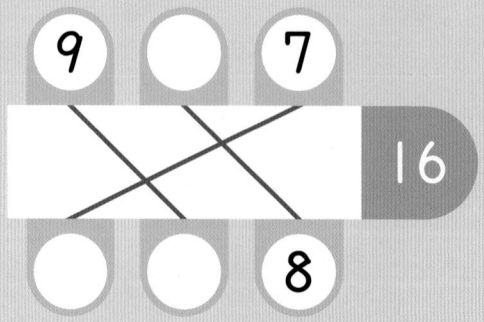

이어진 두 수의 합이 같도록 선을 긋고 빈칸에 합을 써넣으시오.

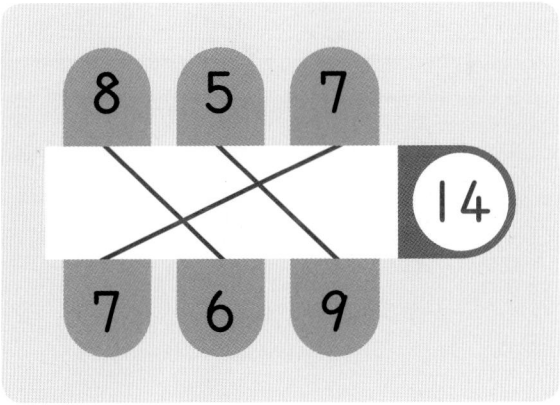

❶

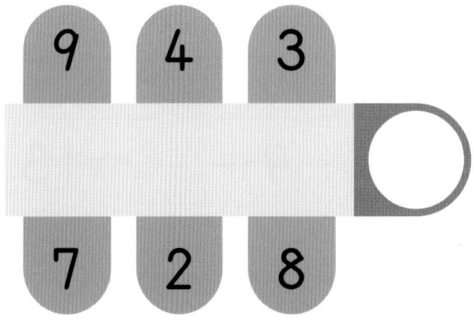

❷

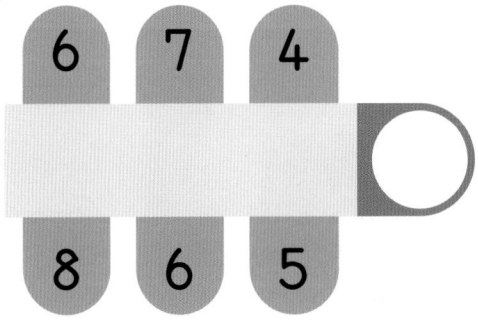

❸

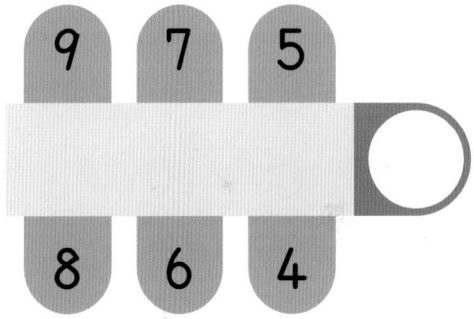

❹

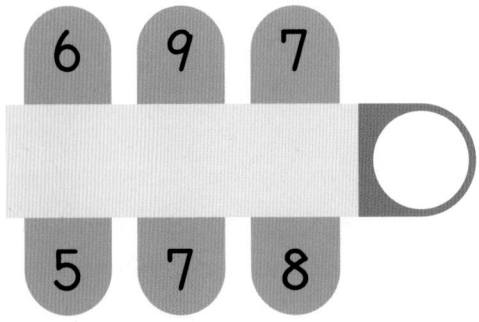

❺

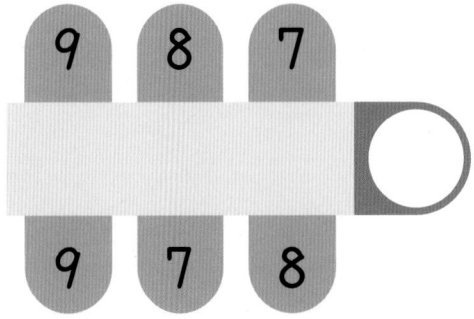

잘 공부했는지 알아봅시다

월 일

1 빈칸에 알맞은 수를 써넣으시오.

❶

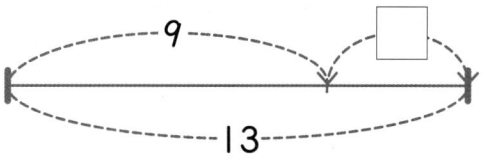

9+□=13

❷

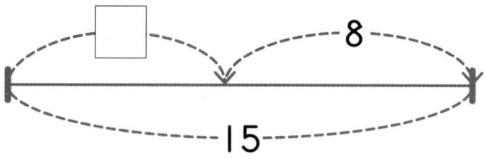

□+8=15

2 빈칸에 알맞은 수를 써넣으시오.

❶

❷

3 이어진 두 수의 합이 오른쪽 수가 되도록 빈칸에 알맞은 수를 써넣으시오.

❶

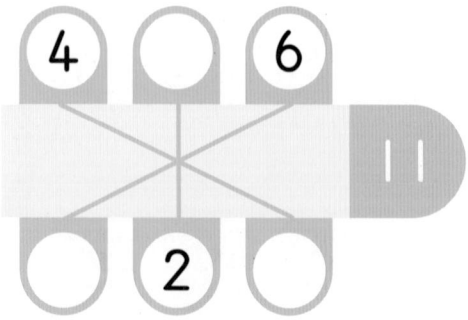

❷

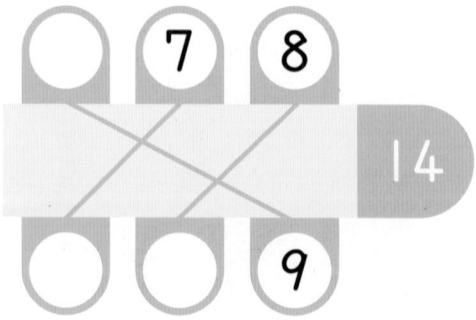

4 세 수의 합

269 자동차 길

270 방 통과

271 원 삼각형

272 수 묶기

269 자동차 길

◐ 길을 따라 계산하여 빈칸에 알맞은 수를 써넣으시오.

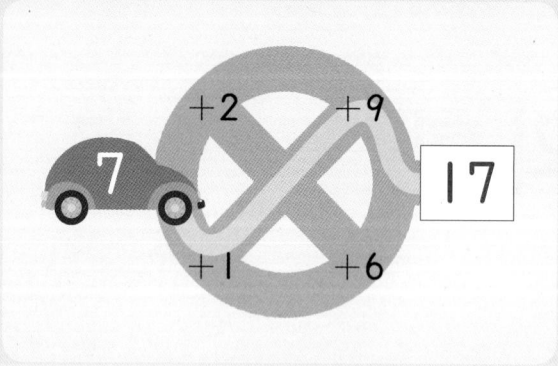

❶

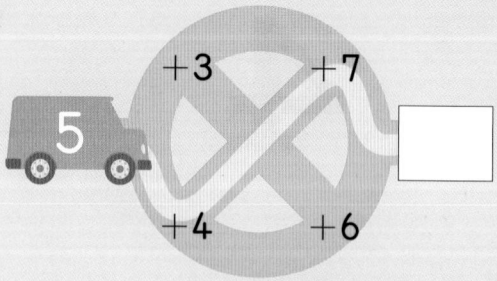

❷

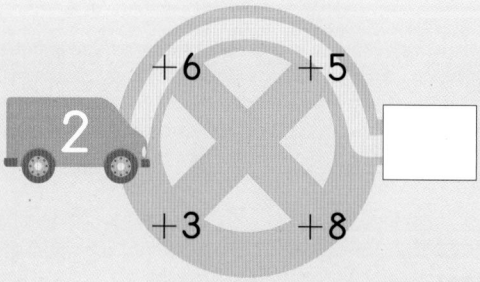

❸

❹

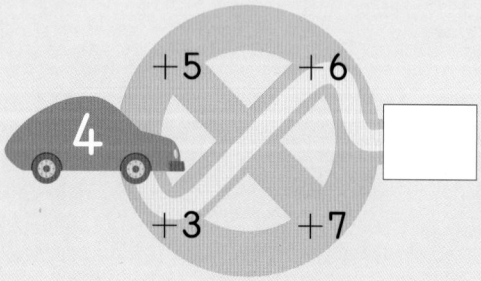

❺

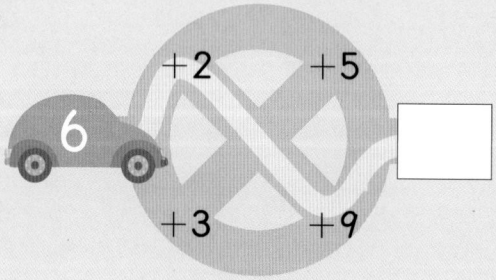

❻

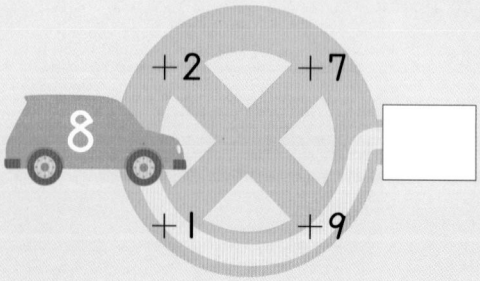

❼

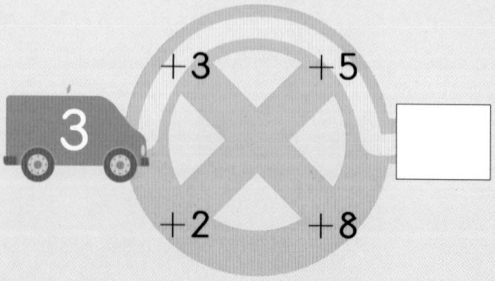

계산 결과에 맞게 자동차 길을 그으시오.

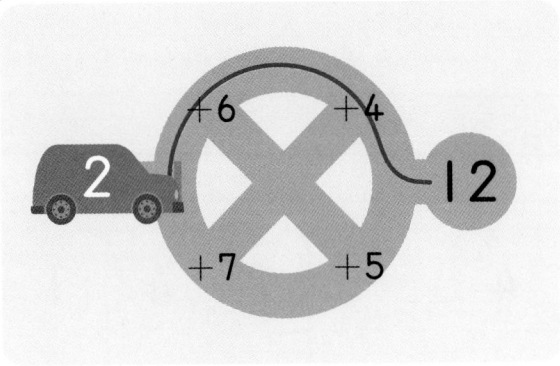

❶

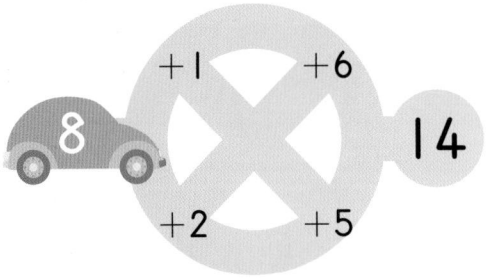

❷

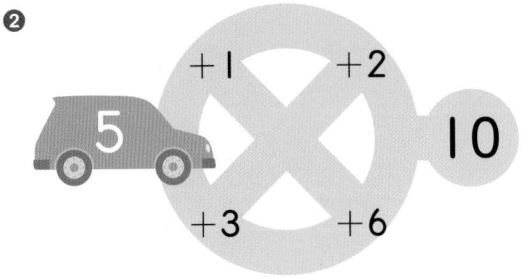

❸

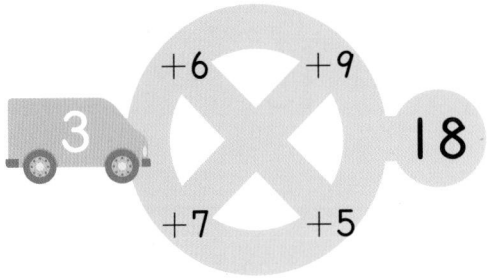

❹

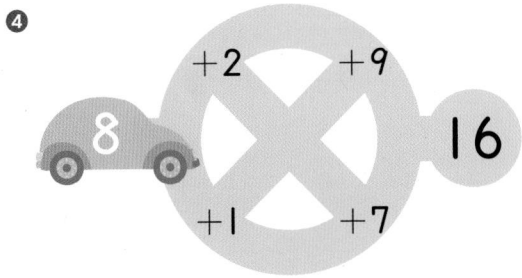

❺

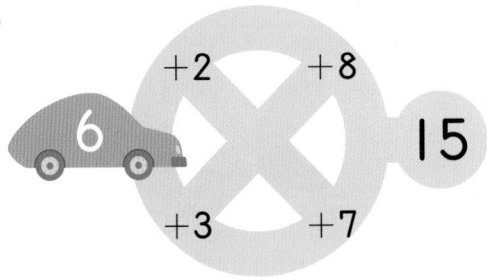

❻

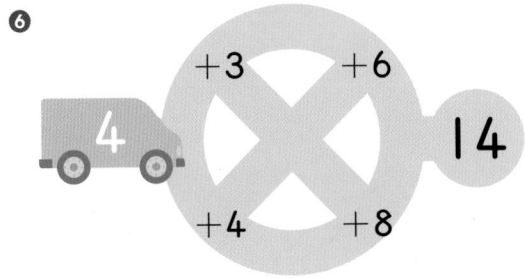

❼

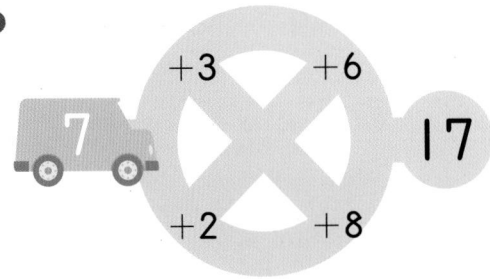

270 방 통과

◐ 방을 통과하면서 만난 수를 모두 더하여 빈칸에 알맞게 써넣으시오.

❶

❷

❸

❹

❺

세 방을 통과하면서 만난 수들의 합이 ▬ 안의 수가 되도록 선을 그으시오.

❶

❷

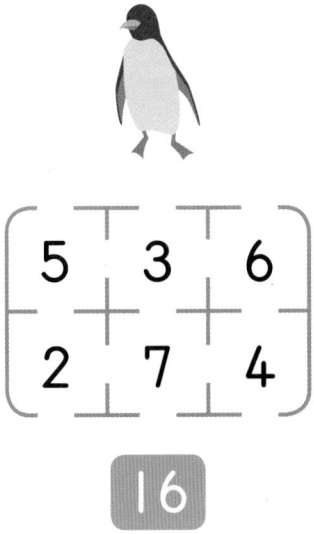

❸

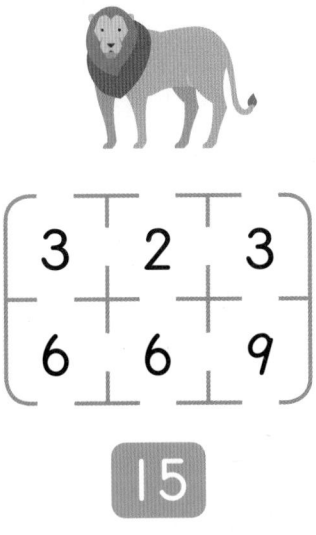

❹

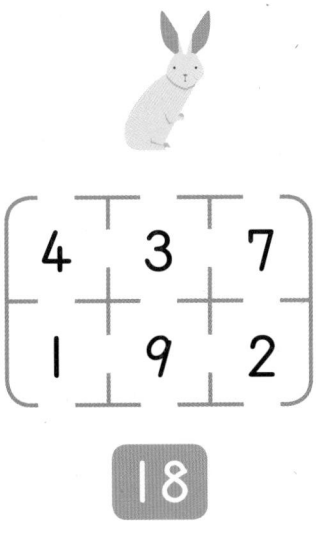

❺

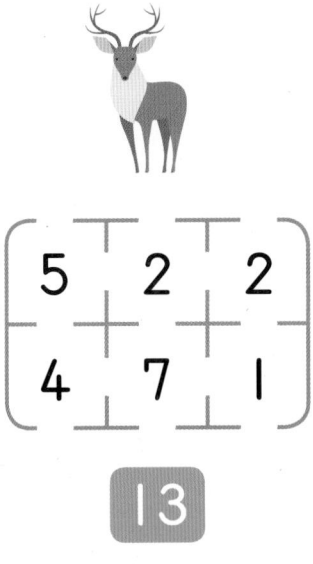

271 원 삼각형

◐ 연결된 세 수의 합을 구하시오.

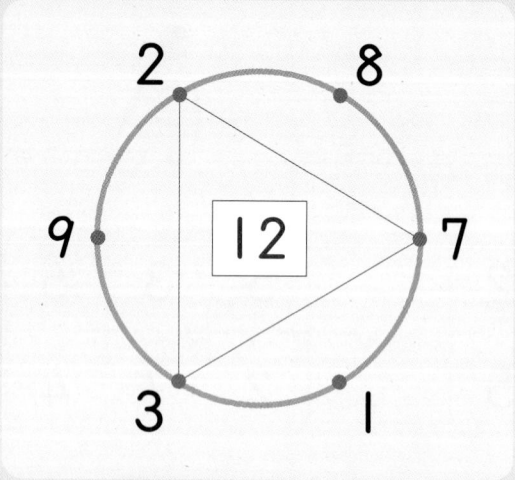

❶

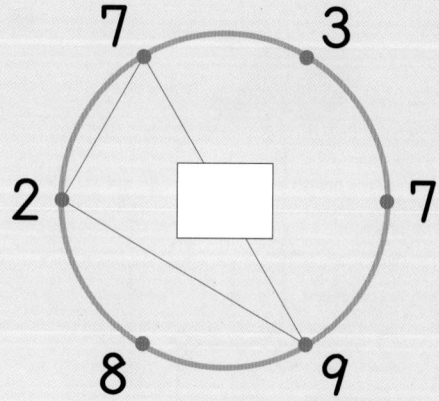

❷

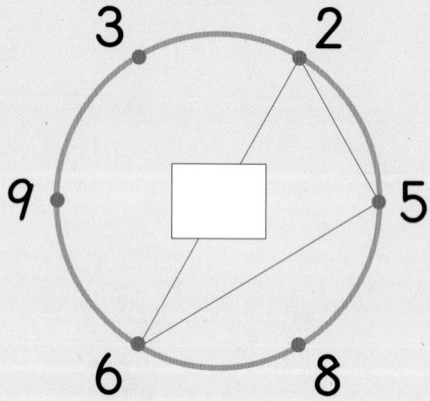

❸

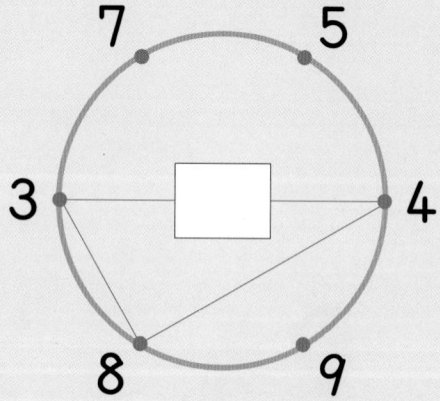

❹

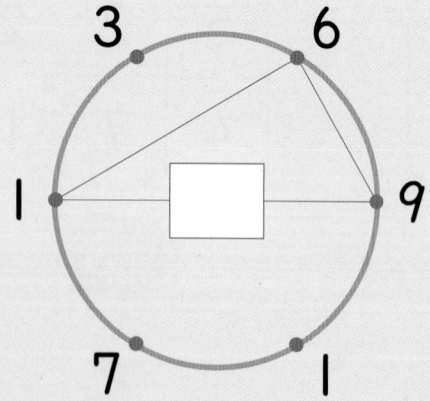

❺

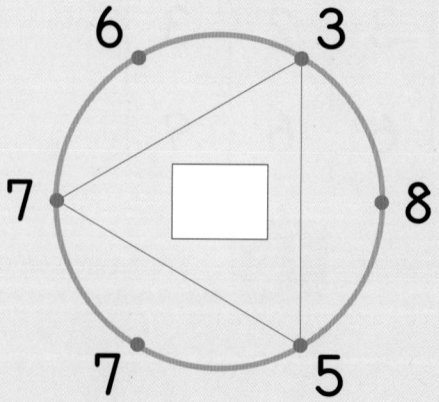

⊕ 연결된 세 수의 합이 ▭ 안의 수가 되도록 선을 그으시오.

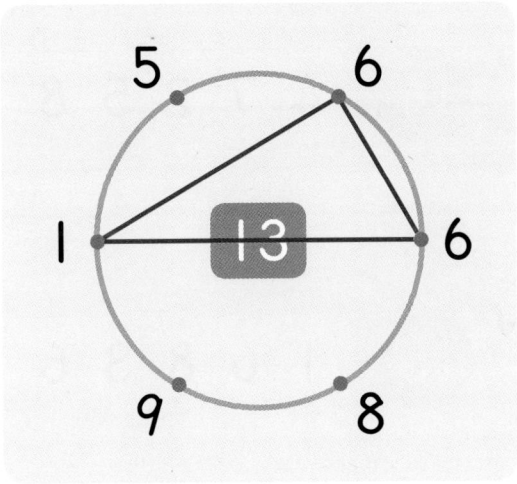

❶

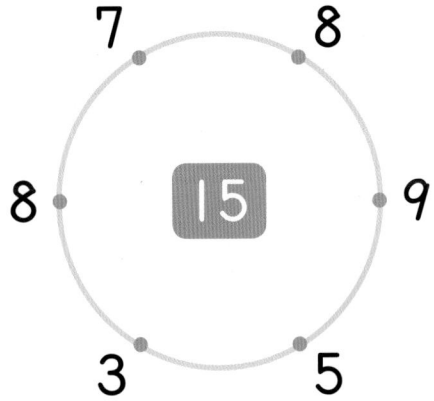

❷

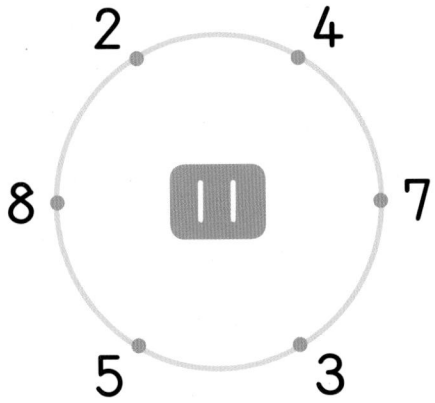

❸

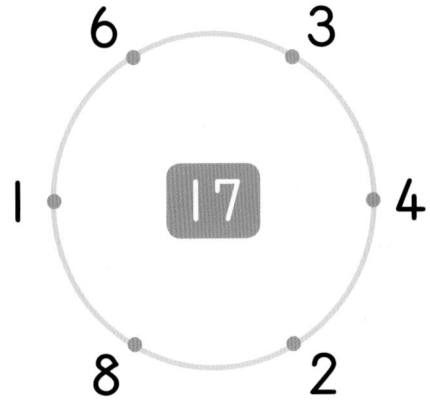

❹

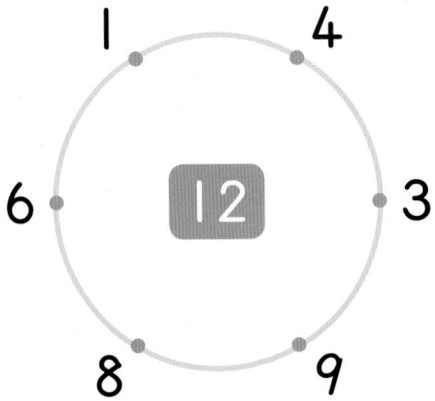

❺

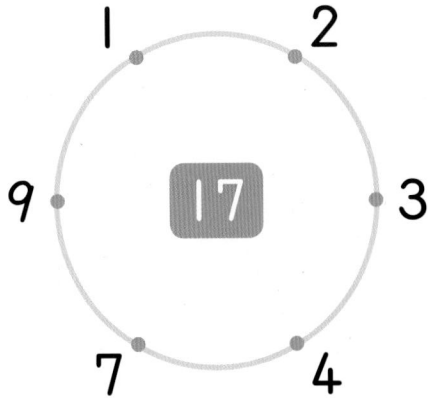

272 수 묶기

◐ 이웃한 세 수의 합이 ● 안의 수가 되도록 ◯로 묶으시오.

11 3 2 4 2 5

❶ 14 4 7 2 5 8

❷ 13 4 3 4 6 4

❸ 15 1 6 8 3 6

❹ 18 6 3 9 1 4

❺ 11 5 3 2 1 8

❻ 17 5 3 9 3 6

❼ 13 9 1 4 8 2

❽ 12 4 2 3 2 7

❾ 14 6 5 2 6 6

❿ 17 3 5 4 8 6

⓫ 19 6 4 9 3 4

⊕ 이웃한 세 수의 합이 ◠ 안의 수가 되도록 ◯로 묶으시오.

12

4	6	6	3
8	1	2	5
2	5	1	4
4	4	4	3

❶

11

5	2	3	2
1	7	7	2
5	4	1	8
4	6	2	3

❷

13

4	2	5	1
2	7	5	9
5	3	3	6
6	8	4	1

❸

15

4	1	9	3
6	8	7	4
5	6	1	9
5	5	6	2

❹

14

3	4	4	6
2	3	5	7
7	4	2	8
9	1	6	7

❺

16

3	4	4	1
8	1	5	9
9	2	7	6
6	7	3	5

잘 공부했는지 알아봅시다

월 일

1 연결된 세 수의 합을 구하시오.

❶

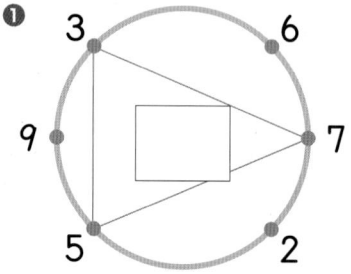

❷

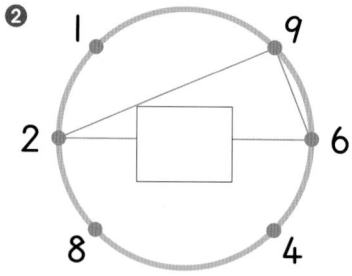

2 이웃한 세 수의 합이 ◠ 안의 수가 되도록 ◯로 묶으시오.

❶

13

3	1	8	4
8	5	4	7
7	3	6	1
1	5	9	5

❷

16

9	7	2	4
2	5	9	4
8	3	2	8
5	2	7	7

3 세 개의 방을 통과하면서 만난 수들의 합이 ▬ 안의 수가 되도록 선을 그으시오.

5 문장이 있는 덧셈

273 한 식 문장제

274 □ 문장제

275 세 수 문장제

276 어떤 수

273 한 식 문장제

◐ □ 안에 알맞은 수를 써넣으시오.

배구공이 9개, 농구공이 9개 있습니다. 공은 모두 몇 개 있습니까?

식 : 9 + 9 = 18 (개)

❶ 민주는 칭찬 스티커를 6개 가지고 있습니다. 소희는 민주보다 5개 더 가지고 있습니다. 소희가 가지고 있는 칭찬 스티커는 몇 개입니까?

식 : □ + □ = □ (개)

❷ 종이학을 태희는 5개, 민수는 7개 접었습니다. 두 사람이 접은 종이학은 모두 몇 개입니까?

식 : □ + □ = □ (개)

❸ 민지는 어제 동화책을 7쪽까지 읽었고, 오늘은 8쪽을 읽었습니다. 민지는 어제와 오늘 모두 몇 쪽을 읽었습니까?

식 : □ + □ = □ (쪽)

❹ 슬기는 9살입니다. 4년 후에는 몇 살이 됩니까?

식 : □ + □ = □ (살)

식과 답을 쓰시오.

오렌지가 4개, 사과가 8개 있습니다. 과일은 모두 몇 개 있습니까?

식 : 4+8=12 답 : 12 개

❶ 민우는 어제 윗몸일으키기를 6번 하였습니다. 오늘은 어제보다 8번 더 하였습니다. 민우는 오늘 윗몸일으키기를 몇 번 하였습니까?

식 : _____ 답 : _____ 번

❷ 과일 가게에서 자두를 7개, 복숭아를 4개 팔았습니다. 과일을 모두 몇 개 팔았습니까?

식 : _____ 답 : _____ 개

❸ 9보다 5 큰 수는 얼마입니까?

식 : _____ 답 : _____

❹ 재호는 공깃돌을 3개 가지고 있습니다. 슬기는 재호보다 9개 더 가지고 있습니다. 슬기가 가지고 있는 공깃돌은 모두 몇 개입니까?

식 : _____ 답 : _____ 개

274 □ 문장제

◐ □를 사용한 식을 쓰시오. 밑줄 친 말을 □로 나타냅니다.

양계장의 닭들이 어제는 달걀을 7개 낳았고, 오늘은 몇 개를 낳아서 모두 12개가 되었습니다.
□

식 : 7+□=12

❶ 교실에 여학생 몇 명과 남학생 4명이 있는데 모두 12명입니다.
□

식 : _____

❷ 진호는 공깃돌 8개를 가지고 있었는데 누나가 몇 개를 더 주어 모두 13개가 되었습니다.
□

식 : _____

❸ 풀밭에 흰 토끼가 몇 마리 있었는데 검정 토끼가 5마리 와서 모두 11마리가 되었습니다.
□

식 : _____

❹ 파란 상자에 사과가 6개 있고, 노란 상자에 사과가 몇 개 있습니다. 두 상자에 있는 사과는 모두 15개입니다.
□

식 : _____

⊕ □를 사용한 식을 쓰고 답을 구하시오.

과일 가게에서 참외를 4개, 키위를 몇 개 팔았습니다. 과일을 모두 11개 팔았습니다. 키위는 몇 개 팔았습니다?

식 : 4+□=11 답 : 7 개

❶ 철호는 과학책을 3쪽까지 읽었습니다. 오늘은 몇 쪽을 더 읽어 12쪽까지 읽었습니다. 오늘은 몇 쪽을 읽었습니다?

식 : _____ 답 : _____ 쪽

❷ 진우는 8살입니다. 몇 년 후면 15살이 됩니까?

식 : _____ 답 : _____ 년

❸ 민주는 종이학을 몇 개 가지고 있습니다. 슬기는 민주보다 5개 더 많은 11개의 종이학을 가지고 있습니다. 민주는 종이학을 몇 개 가지고 있습니다?

식 : _____ 답 : _____ 개

❹ 어제는 우리에 고슴도치가 6마리 있었습니다. 오늘 몇 마리가 더 들어와 13마리가 되었습니다. 오늘 들어온 고슴도치는 몇 마리입니까?

식 : _____ 답 : _____ 마리

275 세 수 문장제

◐ □ 안에 알맞은 수를 써넣으시오.

어머니께서 초콜릿 4개를 사오셨고, 아버지께서 어머니보다 3개 더 많이 사오셨습니다. 어머니와 아버지께서 사오신 초콜릿은 모두 몇 개입니까?

식 : 4 + 4 + 3 = 11 (개)

❶ 3명이 타고 있던 버스에 첫 번째 정류장에서 5명이 타고, 두 번째 정류장에서 6명이 탔습니다. 버스에 타고 있는 사람은 모두 몇 명입니까?

식 : □ + □ + □ = □ (명)

❷ 빨간색 색종이가 4장 있고, 노란색 색종이는 빨간색 색종이보다 7장 더 많습니다. 색종이는 모두 몇 장입니까?

식 : □ + □ + □ = □ (장)

❸ 주머니 속에 500원짜리 동전이 3개, 100원짜리 동전이 2개, 50원짜리 동전이 7개가 있습니다. 주머니에 있는 동전은 모두 몇 개입니까?

식 : □ + □ + □ = □ (개)

➕ 식과 답을 쓰시오.

학급 문고를 만들기 위해 책을 모았습니다. 어제는 3권을 모았고, 오늘은 어제보다 6권을 더 모았습니다. 모두 몇 권이 되었습니다?

식 : 3+3+6=12 답 : 12 권

❶ 연필을 현우는 2자루, 민주는 7자루, 소연이는 8자루 모았습니다. 세 사람이 모은 연필은 모두 몇 자루입니까?

식 : _____ 답 : _____ 자루

❷ 유진이는 친구들과 고리 던지기 놀이를 하였습니다. 유진이는 고리를 3개 던졌고, 선영이는 유진이보다 8개 더 많이 던졌습니다. 두 사람이 던진 고리는 모두 몇 개입니까?

식 : _____ 답 : _____ 개

❸ 교실에 여학생 4명과 남학생 5명이 있었는데 학생 9명이 더 왔습니다. 교실에 있는 학생은 모두 몇 명입니까?

식 : _____ 답 : _____ 명

276 어떤 수

◐ □를 사용한 식으로 나타내시오.

어떤 수에 7을 더하였더니 15가 되었습니다.

식 : □+7=15

❶ 어떤 수에 5를 더하였더니 11이 되었습니다.

식 : _____

❷ 8에 어떤 수를 더하였더니 11이 되었습니다.

식 : _____

❸ 어떤 수와 6의 합은 14입니다.

식 : _____

❹ 9와 어떤 수의 합은 14입니다.

식 : _____

❺ 4에 어떤 수를 더하였더니 13이 되었습니다.

식 : _____

➕ 어떤 수를 구하고, 물음에 답하시오.

어떤 수에 7을 더해야 할 것을 잘못 하여 9를 더하였더니 13이 되었습니다. 바르게 계산하면 얼마입니까?

어떤 수 : □+9=13, □=4

계산하기 : 4+7=11

❶ 어떤 수와 7의 합은 16입니다. 어떤 수에 9를 더하면 얼마입니까?

어떤 수 : _____

계산하기 : _____

❷ 어떤 수에 5를 더해야 할 것을 잘못 하여 8을 더하였더니 15가 되었습니다. 바르게 계산하면 얼마입니까?

어떤 수 : _____

계산하기 : _____

❸ 8에 어떤 수를 더했더니 16입니다. 5와 어떤 수의 합은 얼마입니까?

어떤 수 : _____

계산하기 : _____

❹ 어떤 수에 8을 더해야 할 것을 잘못 하여 6을 더했더니 12가 되었습니다. 바르게 계산하면 얼마입니까?

어떤 수 : _____

계산하기 : _____

잘 공부했는지 알아봅시다

월 일

1 철수는 구슬 7개를 가지고 있습니다. 친구에게 구슬 3개를 받는다면 철수가 가진 구슬은 몇 개가 됩니까?

식 : _____ 답 : _____ 개

2 □를 사용한 식을 쓰고, 답을 구하시오.

❶ 음악실에 여학생 8명과 남학생 몇 명이 있습니다. 학생은 모두 13명입니다. 남학생은 몇 명입니까?

식 : _____ 답 : _____ 명

❷ 지은이는 책을 지난주에 9권 읽었고, 이번 주에는 몇 권을 읽었습니다. 2주 동안 읽은 책이 모두 17권이라면 이번 주에 읽은 책은 몇 권입니까?

식 : _____ 답 : _____ 권

3 민서는 쿠키 4개를 먹었고, 진희는 민서보다 쿠키를 3개 더 먹었습니다. 두 사람이 먹은 쿠키는 모두 몇 개입니까?

식 : _____ 답 : _____ 개

4 어떤 수에 6을 더해야 할 것을 잘못하여, 9를 더하였더니 16이 되었습니다. 바르게 계산하면 얼마입니까?

어떤 수 : _____ 계산하기 : _____

6 조각 덧셈

277 원 선 연결

278 바람개비

279 피라미드

280 덧셈표

277 원 선 연결

◐ 연결한 두 수의 합을 빈칸에 써넣으시오.

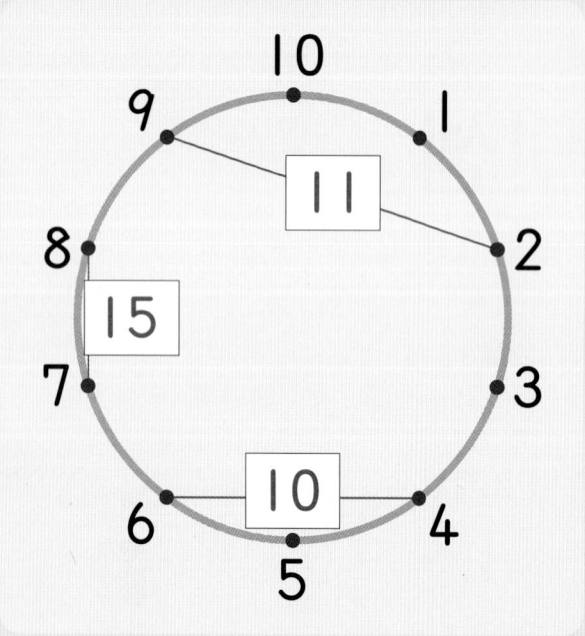

❶

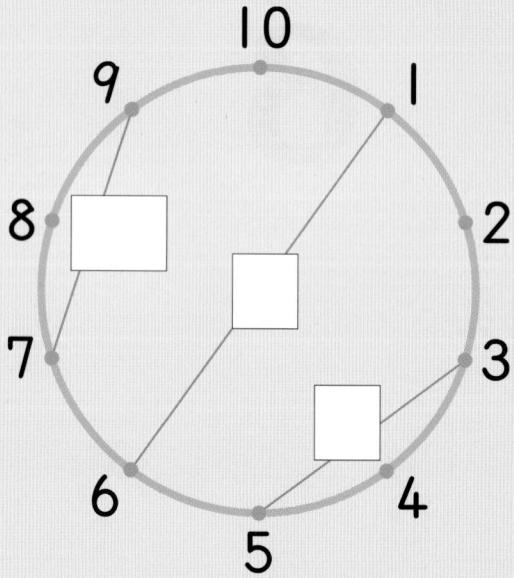

❷

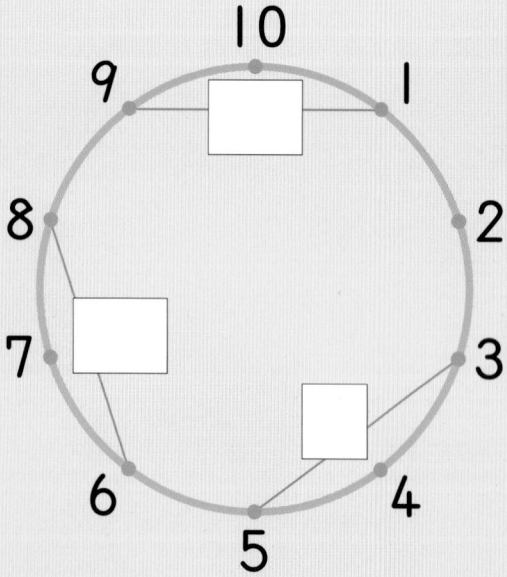

❸

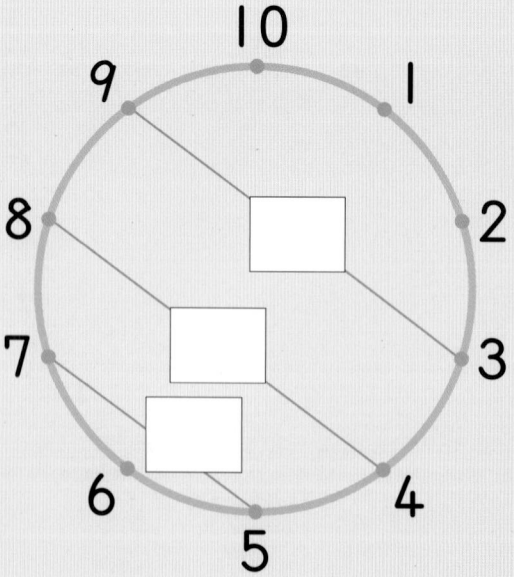

합이 가운데 수가 되도록 두 점을 연결하시오. ● 안의 수만큼 선을 긋습니다.

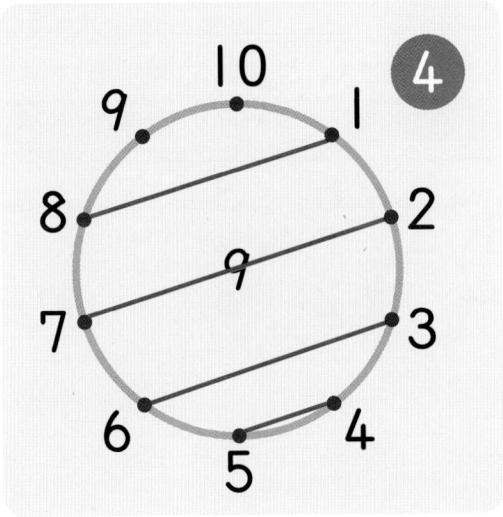

❶

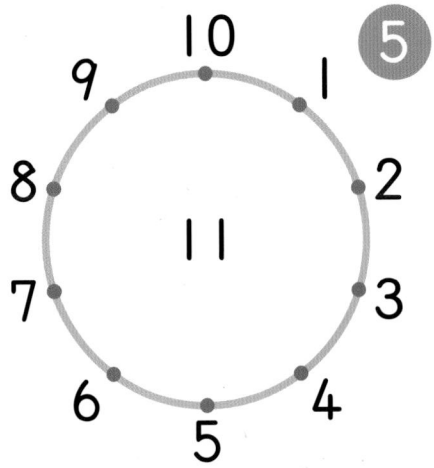

❷

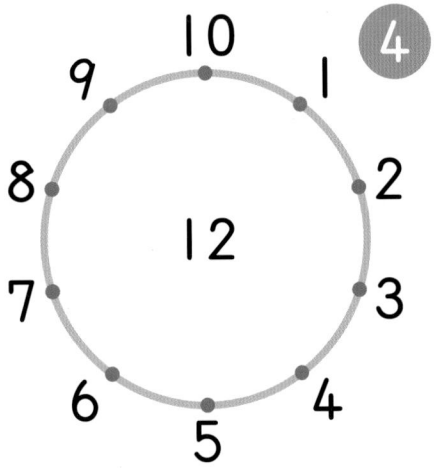

❸

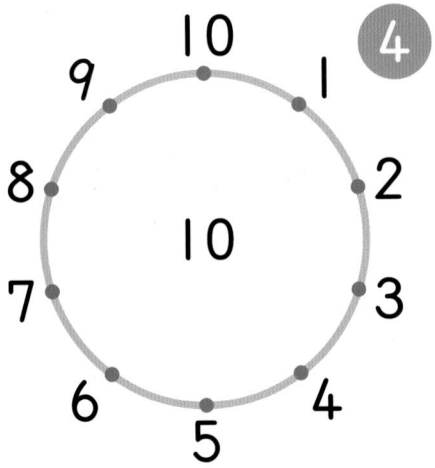

❹

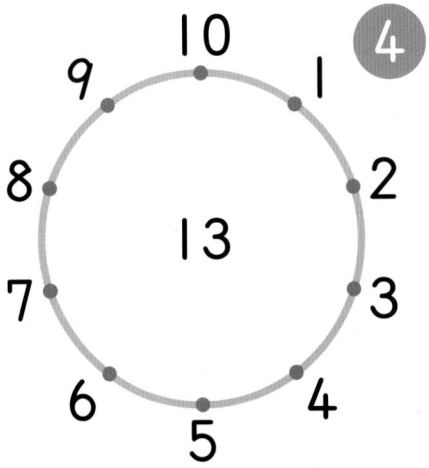

278 바람개비

◐ 가로, 세로로 두 수의 합을 빈칸에 써넣으시오.

❶

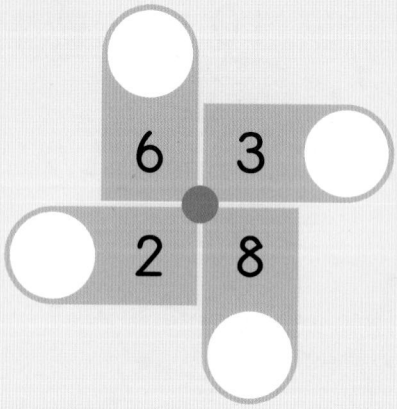

❷

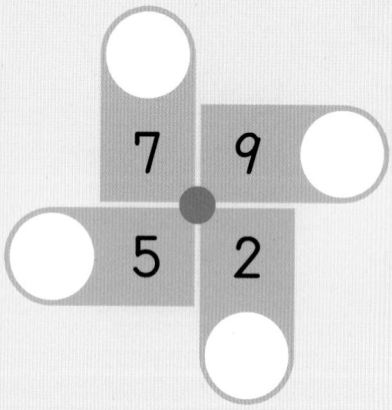

❸

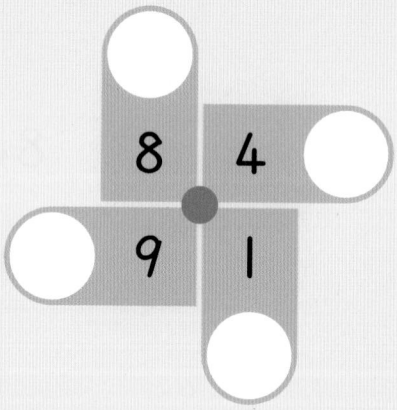

❹

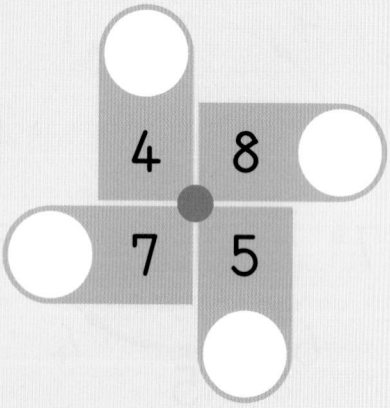

❺

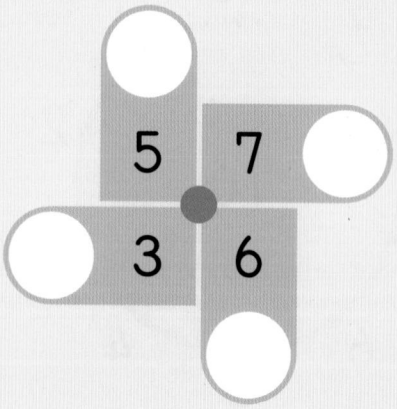

빈칸에 알맞은 수를 써넣으시오.

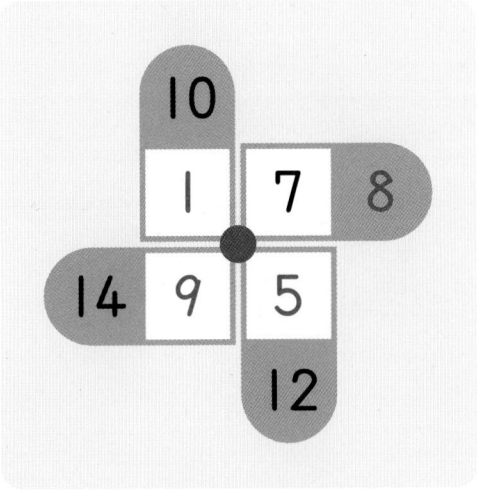

❶

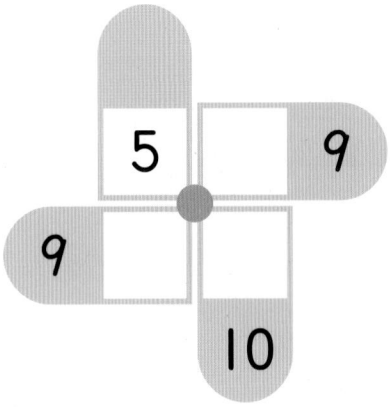

❷

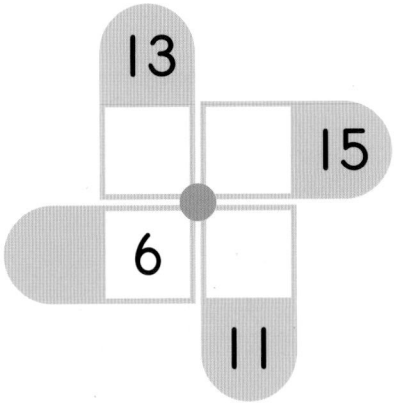

❸

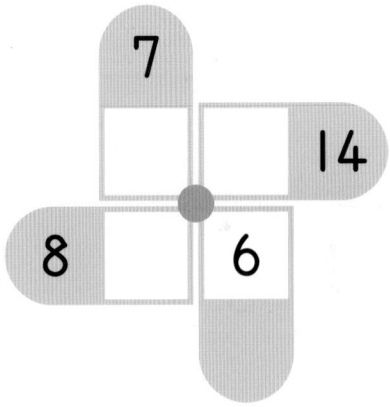

❹

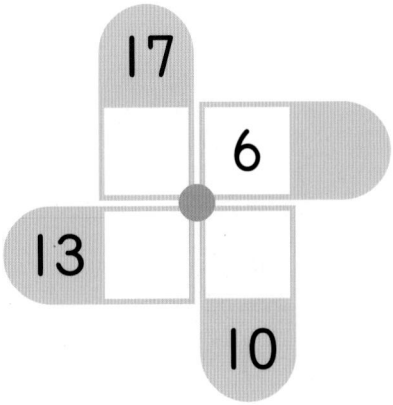

❺

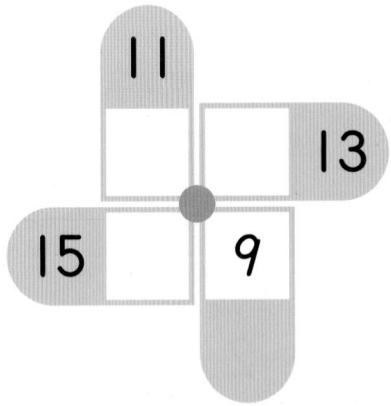

279 피라미드

❶ 위의 수는 아래 두 수의 합입니다. 빈칸을 채우시오.

❶

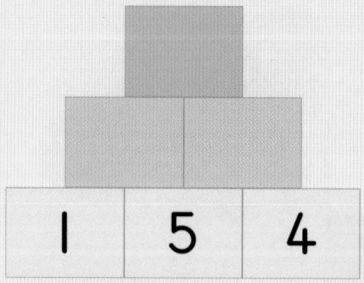

❷

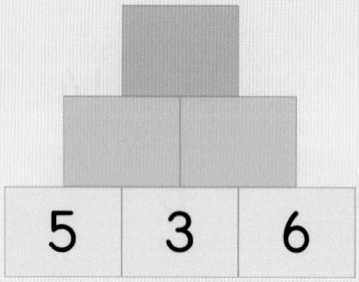

❸

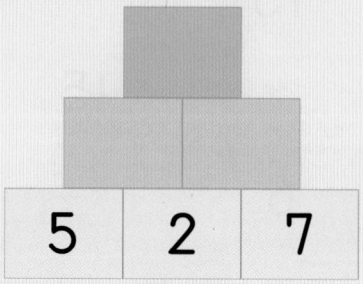

❹

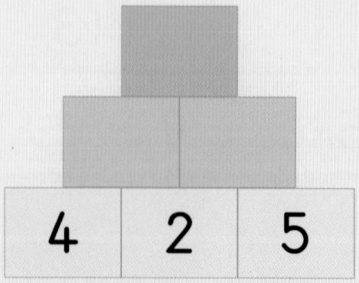

❺

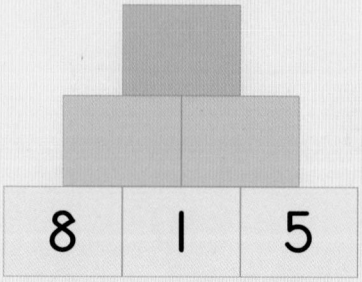

➕ 위의 수는 아래 두 수의 합입니다. 빈칸을 채우시오.

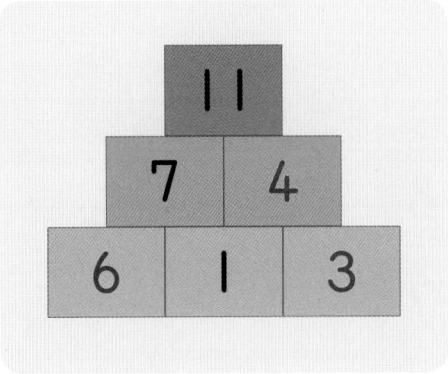

❶

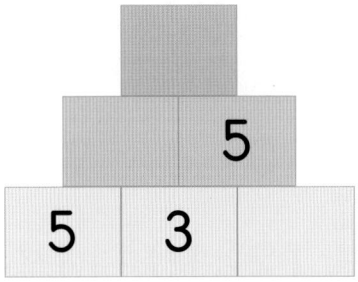

❷

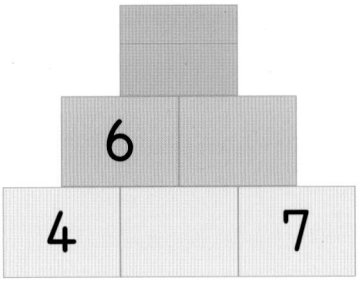

❸

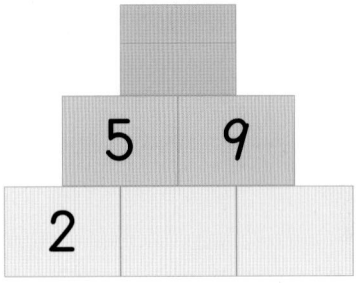

❹

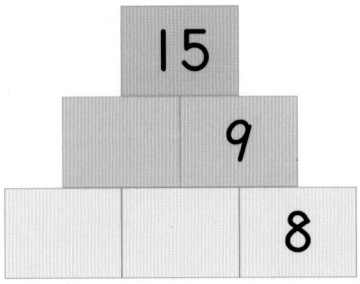

❺

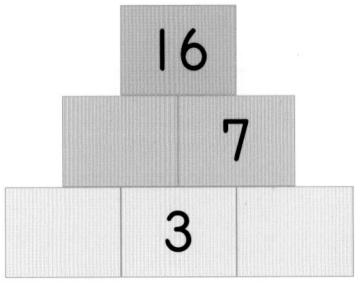

280 덧셈표

❶ 가로, 세로로 더하여 빈칸에 알맞은 수를 써넣으시오.

+	9	7	8
1	10	8	9
3	12	10	11
4	13	11	12

❶

+	3	4	5
8			
7			
5			

❷

+	9	7	2
6			
4			
8			

❸

+	4	6	3
9			
5			
3			

❹

+	2	1	7
4			
8			
3			

❺

+	4	6	1
7			
5			
2			

덧셈표의 빈칸에 알맞은 수를 써넣으시오.

+	9	7	8
1	10	8	9
3	12	10	11
2	11	9	10

❶

+		6	
	10	12	
7			12
			6

❷

+	8		
4		13	
	10		
5			12

❸

+			2
			11
7		10	
	4		5

❹

+		9	
		18	
7			
1	6		9

❺

+		6	
3	7		11
		12	
	6		

잘 공부했는지 알아봅시다

월 일

1 가로, 세로로 두 수의 합을 빈칸에 써넣으시오.

❶

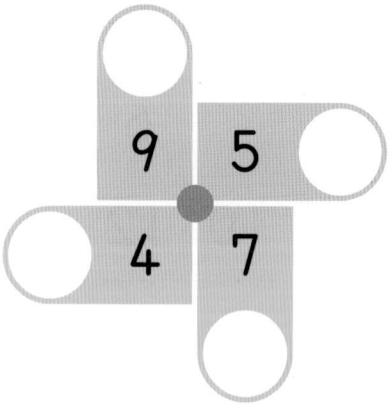

❷

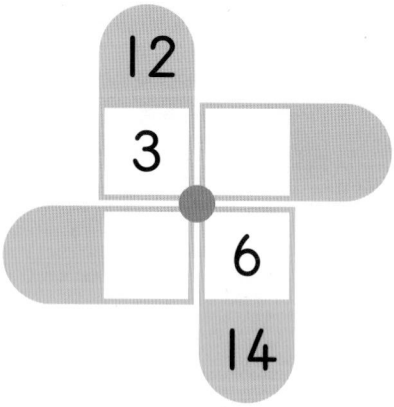

2 아래의 수는 위 두 수의 합입니다. 빈칸에 알맞은 수를 써넣으시오.

❶

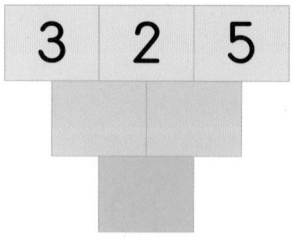

❷

3 덧셈표의 빈칸에 알맞은 수를 써넣으시오.

+	5	9	6
7			
4			
8			

7 덧셈 문제해결 (1)

281 네모 대소

282 매트릭스

283 벌집셈

284 약속셈

281 네모 대소

◐ □ 안에 들어갈 수 있는 수를 찾아 ○표 하시오.

7+□<11

③ 4 5

❶ 3+□>11

7 8 9

❷ 8+□<15

6 7 8

❸ □+9>12

2 3 4

❹ □+8<14

5 6 7

❺ □+4>12

7 8 9

❻ 6+□>10

3 4 5

❼ 4+□<11

6 7 8

❽ 5+□>12

6 7 8

❾ □+8<12

3 4 5

❿ □+7>15

7 8 9

⓫ □+6<13

6 7 8

⊕ 1에서 9까지의 수 중에서 □ 안에 들어갈 수 있는 수를 모두 쓰시오.

$8+\square>12$

5, 6, 7, 8, 9

❶ $\square+5<11$

_____

❷ $\square+6>13$

_____

❸ $9+\square<15$

_____

❹ $5+\square>11$

_____

❺ $\square+7<12$

_____

❻ $\square+9>13$

_____

❼ $8+\square<14$

_____

❽ $7+\square>12$

_____

❾ $\square+5<12$

_____

282 매트릭스

◐ 가로, 세로로 두 수씩 더해 빈칸에 알맞은 수를 써넣으시오.

1	5		6
3		2	5
	6	4	10
4	11	6	+

❶

5	7		
	9	4	
2		1	
			+

❷

	7	4	
6	2		
8		3	
			+

❸

	3	7	
5		1	
9	6		
			+

❹

6		8	
	2	9	
4	5		
			+

❺

8		7	
5	6		
	9	3	
			+

1부터 9까지의 수 중 서로 다른 수를 써넣어 매트릭스를 완성하시오.

5	4		9
	3	2	5
7		9	16
12	7	11	+

❶

			9
	1		9
			11
13	5	11	+

❷

			12
			8
		7	12
7	14	11	+

❸

			17
			11
2			5
9	11	13	+

❹

	3		12
			10
			12
15	8	11	+

❺

5			13
			16
			5
14	9	11	+

283 벌집셈

◐ 벌집 안 두 수의 합을 빈칸에 써넣으시오.

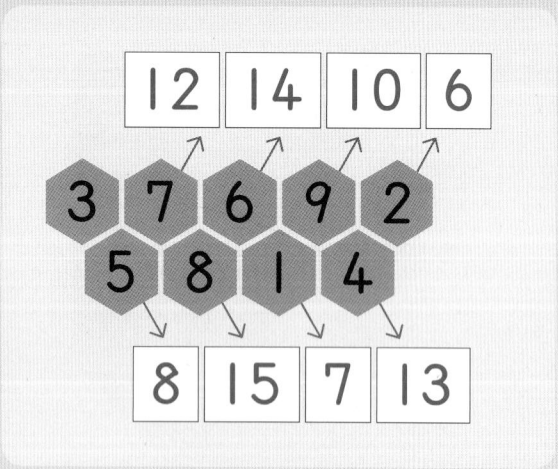

❶

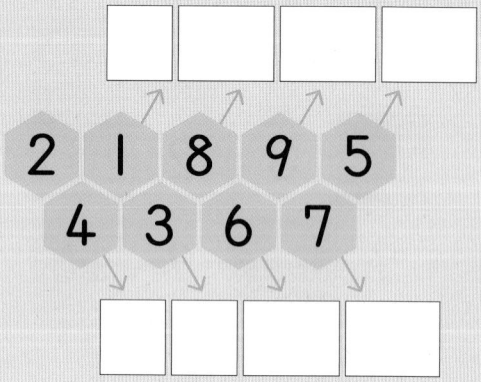

❷

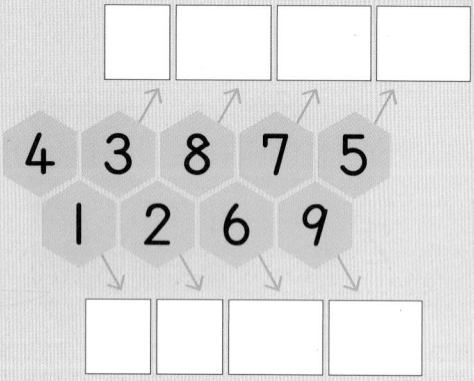

❸

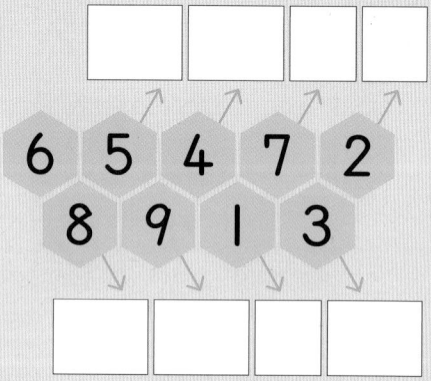

❹

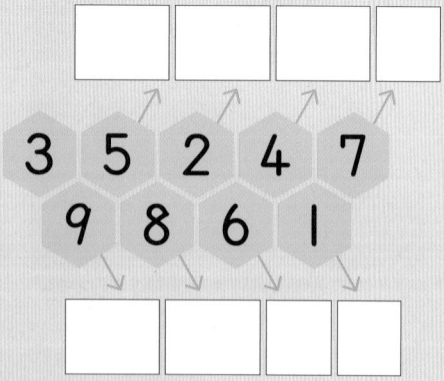

❺

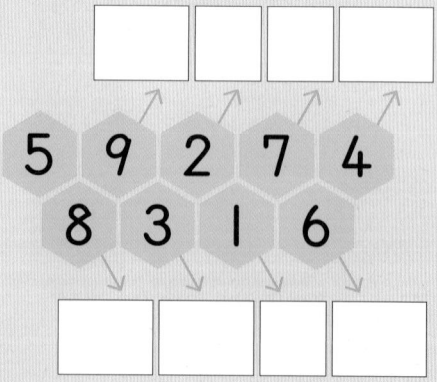

➕ 두 수의 합에 맞게 1에서 9까지의 수를 하나씩 벌집 안에 써넣으시오.

❶

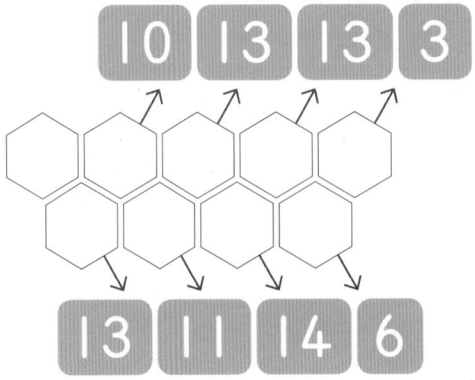

❷

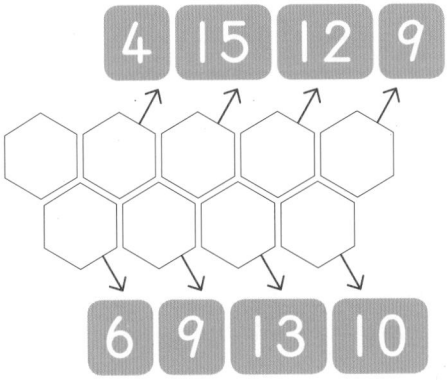

❸

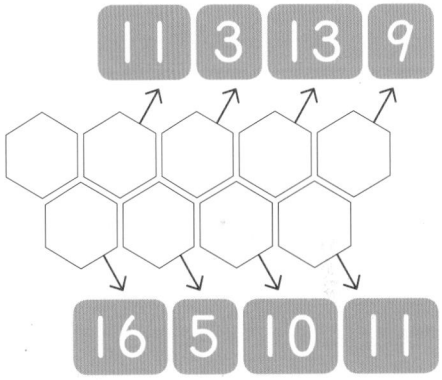

❹

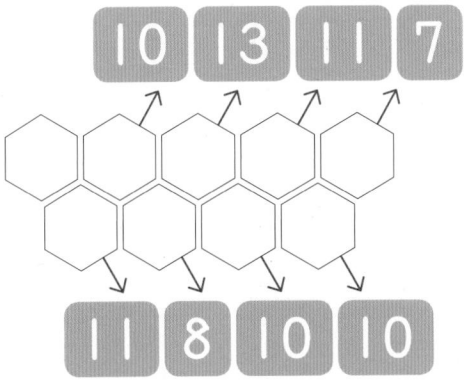

❺

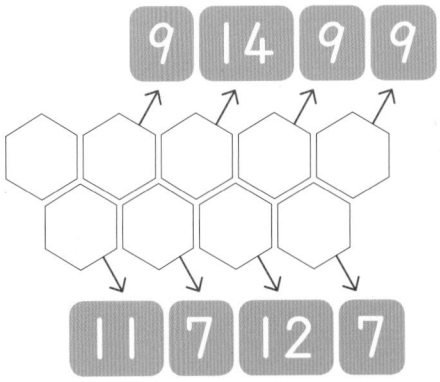

284 약속셈

◐ 약속에 맞게 계산한 것입니다. 빈칸에 알맞은 수를 써넣으시오.

약속

■⊙●=■+●+■

6⊙3=6+ 3 +6

= 15

5⊙4= 5 +4+ 5

= 14

❶ 약속

■◇●=■+●+5

4◇2=4+ □ +5

= □

3◇5=3+ □ +5

= □

❷ 약속

■⊡●=■+●+●

7⊡2=7+ □ +2

= □

5⊡4= □ +4+ □

= □

❸ 약속

■△●=■+3+●

6△6=6+3+ □

= □

5△9=5+3+ □

= □

약속에 맞게 계산하시오.

약속

■⊙●=■+●+■

7⊙1=15

6⊙2=14

❶ 약속

■◇●=■+●+5

4◇3=□

6◇1=□

❷ 약속

■▣●=■+●+●

6▣3=□

1▣8=□

❸ 약속

■△●=■+3+●

4△7=□

2△8=□

❹ 약속

■▽●=4+■+●

3▽8=□

5▽6=□

❺ 약속

■⊙●=■+●+■

4⊙5=□

7⊙2=□

잘 공부했는지 알아봅시다

월 일

1 두 수를 골라 □ 안에 써넣어 식을 완성하시오.

❶ 7+□+□=15

2 5 8 6

❷ 6+□+□=17

1 8 4 3

2 두 수의 합에 맞게 1에서 9까지의 수를 하나씩 벌집 안에 써넣으시오.

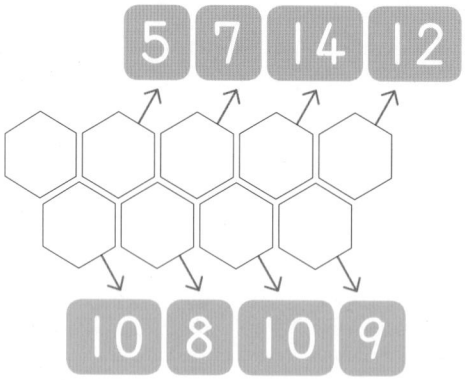

3 약속에 맞게 계산하시오.

❶ 약속

■⊙●=■+●+■

7⊙1=□

❷ 약속

■▣●=■+●+●

2▣4=□

8 덧셈 문제해결 (2)

285 사다리 타기

286 격자 트럼프

287 방진셈

288 울타리 치기

285 사다리 타기

◐ 사다리 타기를 해 봅시다. 빈칸에 알맞은 수를 써넣으시오.

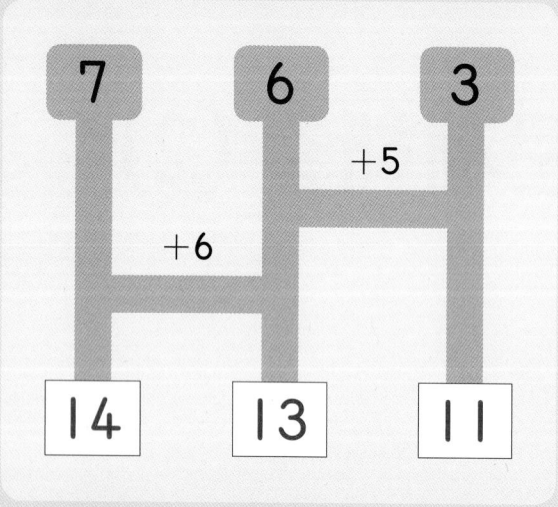

❶

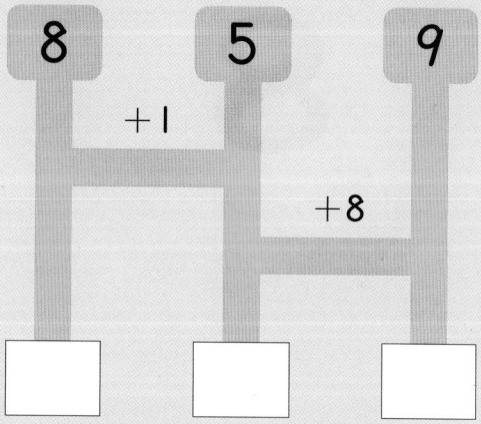

❷

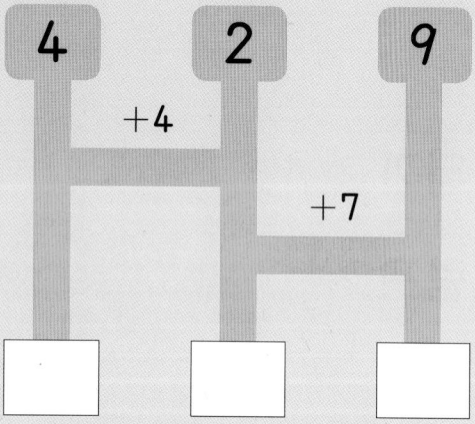

❸

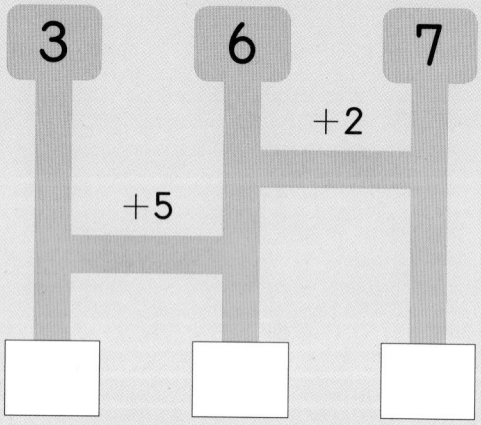

❹

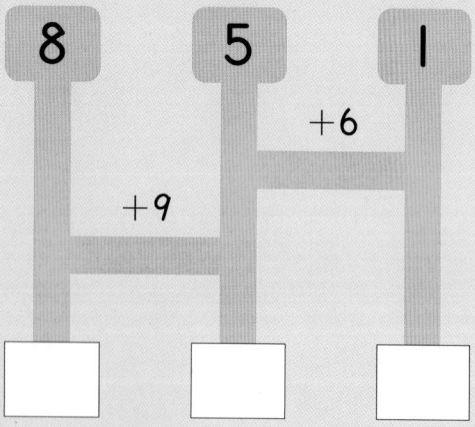

❺

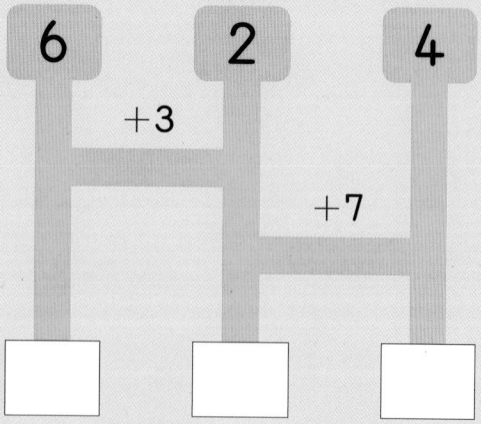

월 일

빈칸에 알맞은 수를 써넣으시오.

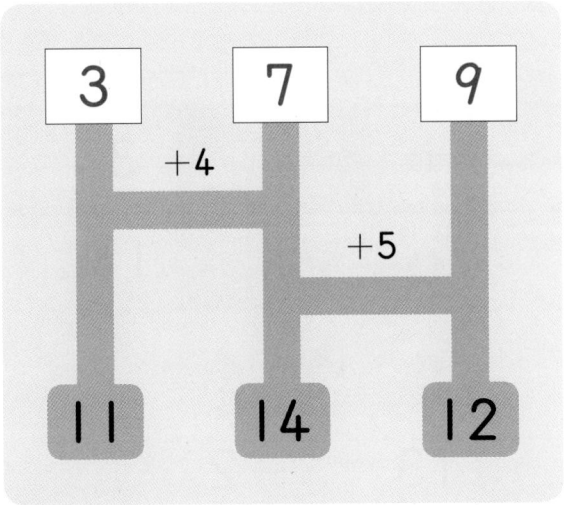

❶

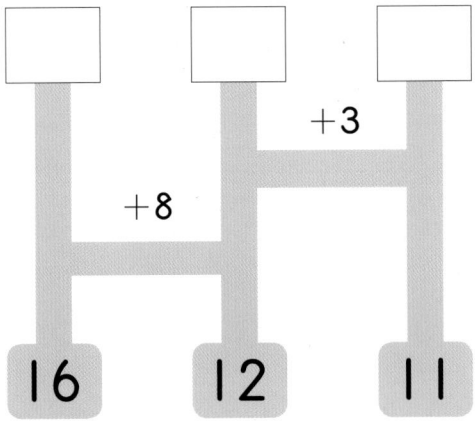

❷

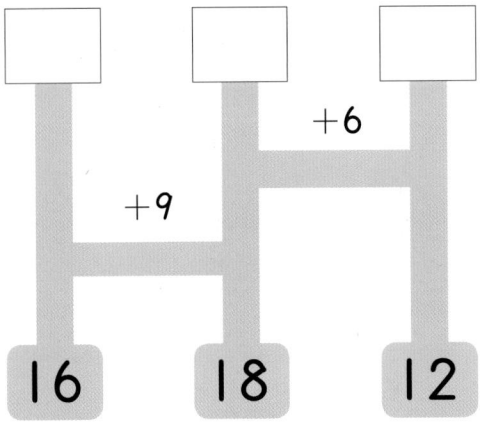

❸

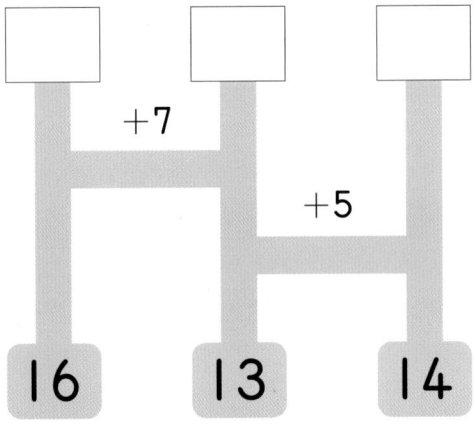

❹

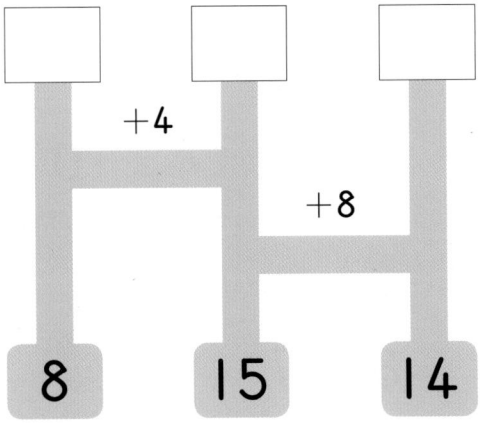

❺

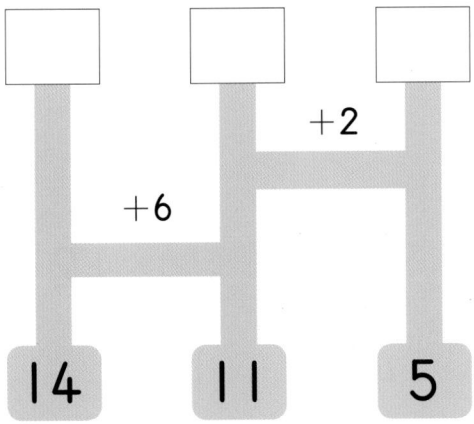

286 격자 트럼프

◐ 같은 모양은 같은 수, 다른 모양은 다른 수를 나타내고, 수는 각 줄의 합입니다. 빈칸을 채우시오.

		♥	5
	◆	♥	9
◆	♣	♠	13
4	11	12	

❶

◆			3
♠	♥		11
♠	♣	♣	
13		2	

❷

		♠	
	♠	♠	6
♥	♥	♣	9
	7		

❸

◆			
◆	♥		12
◆	♣	♣	
9		6	

❹

	♣	♠	6
	♥	♠	
♠	◆	♥	12
4		15	

❺

		◆	5
♥	♥	♠	10
♥	♣	◆	
8	7		

❊ 같은 모양은 같은 수, 다른 모양은 다른 수를 나타내고, 수는 각 줄의 합입니다. 빈칸을 채우시오.

♥	♣	◆	10
♠	◆	◆	10
♥	♣	◆	10
8	13	9	

❶

♣	♠	♥	
♣	◆	◆	7
♣	♠	♥	12
3		13	

❷

♠	♠	♥	10
◆	◆	♣	
♣	◆	♣	4
6	7		

❸

♥	♣	♣	12
♠	♠	♠	12
♥	♣	◆	
8		16	

❹

♠	♥	♣	6
◆	♠	♣	11
◆	♠	◆	
15	4		

❺

♥	♠	♠	8
♥	♠	◆	
♥	♣	♣	6
12		6	

287 방진셈

◐ 2에서 6까지의 수를 한 번씩 사용하여 한 줄에 쓰여진 세 수의 합이 ● 안의 수가 되도록 한 것입니다. 빈칸에 알맞은 수를 써넣으시오.

❶

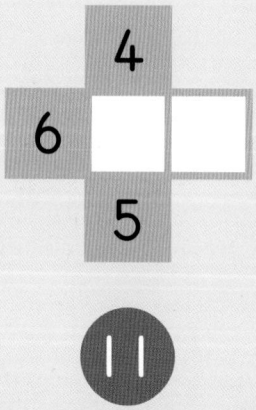

❷

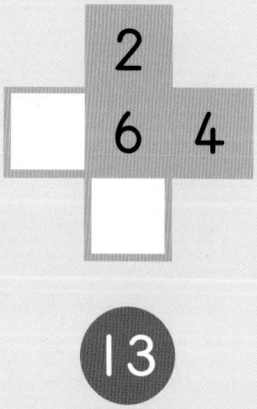

◐ 1에서 6까지의 수를 한 번씩 사용하여 한 줄에 쓰여진 세 수의 합이 ▬ 안의 수가 되도록 한 것입니다. 빈칸에 알맞은 수를 써넣으시오.

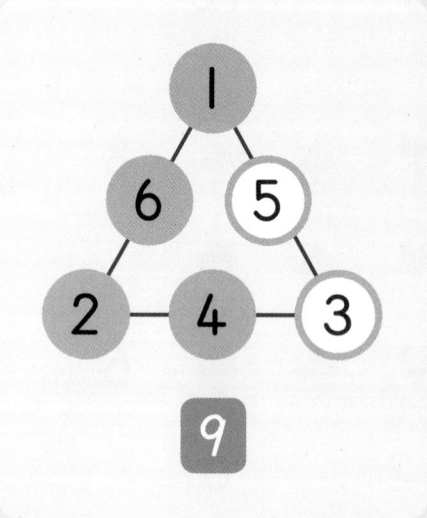

❸

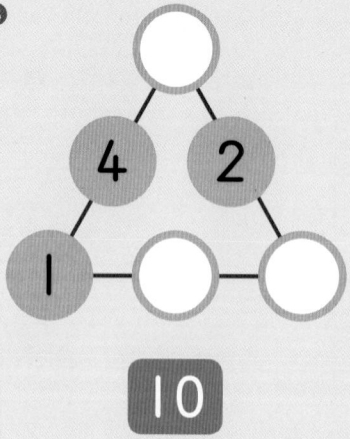

❹

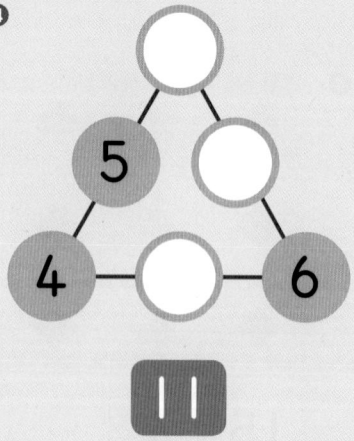

⊕ 1에서 5까지의 수를 한 번씩 사용하여 한 줄에 쓰여진 세 수의 합이 ● 안의 수가 되도록 빈칸에 알맞은 수를 써넣으시오.

❶

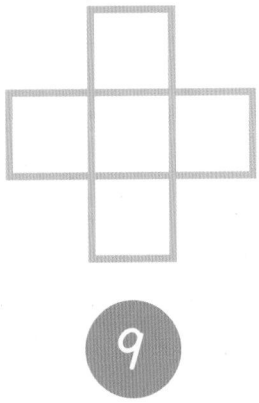

❷

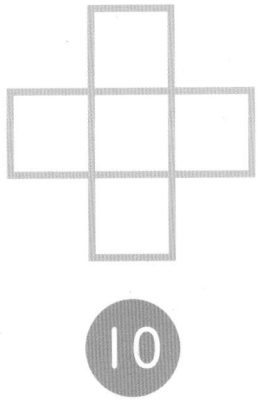

⊕ 1에서 6까지의 수를 한 번씩 사용하여 한 줄에 쓰여진 세 수의 합이 ▬ 안의 수가 되도록 빈칸에 알맞은 수를 써넣으시오.

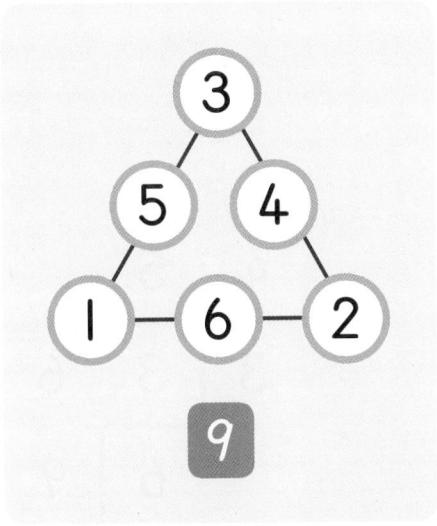

❸

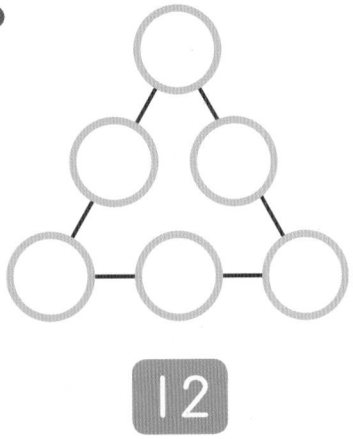

❹

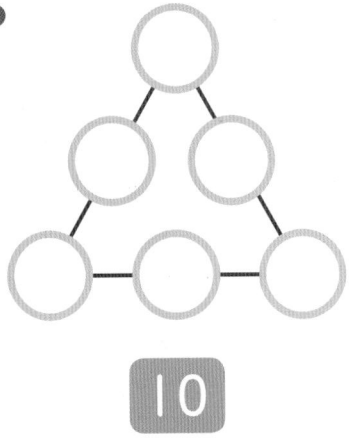

288 울타리 치기

◐ 나누어진 세 수의 합이 같도록 빈칸에 알맞은 수를 써넣으시오.

2	5	7
5	1	4
2	2	8

❶

5	1	4
3	8	
	6	6

❷

6	8	
2		1
5	4	8

❸

2	7	5
3	5	6
		1

❹

	4	2
4		5
6	3	9

❺

4	5	4
2	3	
1	6	

❻

2	6	3
8	2	
1		2

❼

2		2
	6	7
8	3	1

❽

4	5	
3	3	6
	6	9

세 수의 합이 같도록 세 부분으로 나누시오.

4	5	1
4	6	6
7	2	4

❶

2	4	4
7	8	3
7	7	6

❷

2	4	5
1	8	1
2	5	5

❸

3	5	7
2	9	2
7	6	4

❹

5	7	9
2	3	1
3	8	4

❺

3	4	5
6	4	2
9	1	2

❻

4	5	7
9	6	8
4	6	2

❼

3	2	5
2	6	4
2	2	7

❽

7	1	6
5	3	3
8	2	4

잘 공부했는지 알아봅시다

월 일

1 한 줄의 합이 ▬ 안의 수가 되도록 1부터 6까지의 수를 빈칸에 써넣으시오.

❶

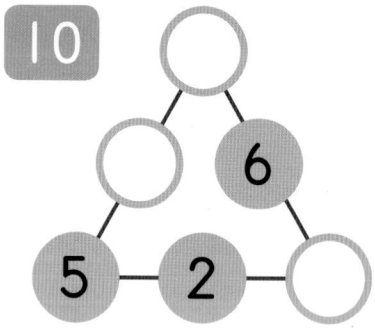

❷

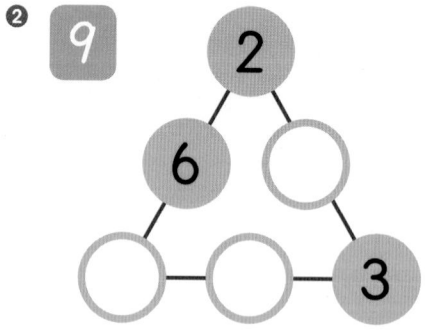

2 같은 모양은 같은 수, 다른 모양은 다른 수를 나타내고, 수는 각 줄의 합입니다. 빈칸을 채우시오.

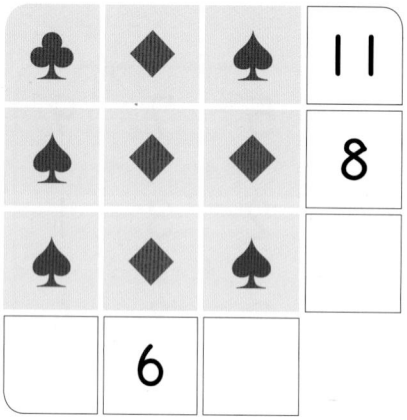

3 빈칸에 알맞은 수를 써넣으시오.

❶

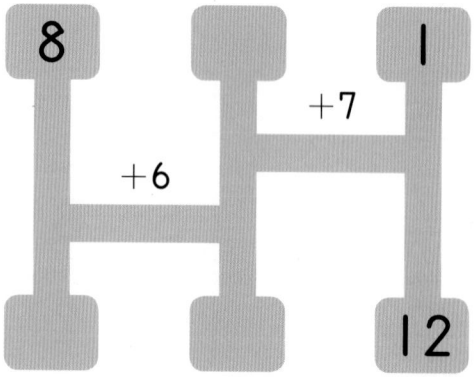

❷

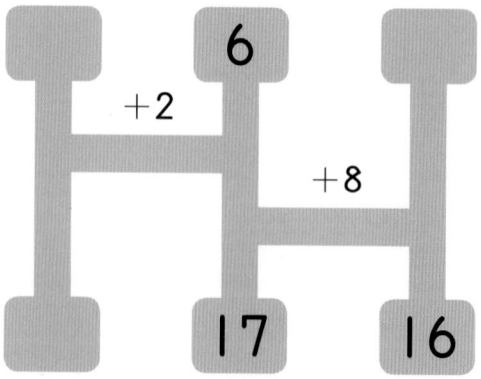

MEMO

MEMO

NE 능률

교과 이해력 UP 시켜 주는, **초등 어휘 필수 교과서**

세마리 토끼잡는 초등 어휘

세토어로 공부한 아이는 **교과 이해력이 다릅니다.**
세토어는 참고서가 아니라, **어휘 교과서입니다.**

www.nebooks.co.kr ▼

초등 어휘 교과서 세토어는…?

★ 한자어, 고유어, 영단어 학습을 한 번에!
★ 어휘 학습을 통해 초등 교과 내용 완벽 이해!
★ 한자 활용 능력을 키워 주어, 중·고등 교과 대비도 척척!

사고셈

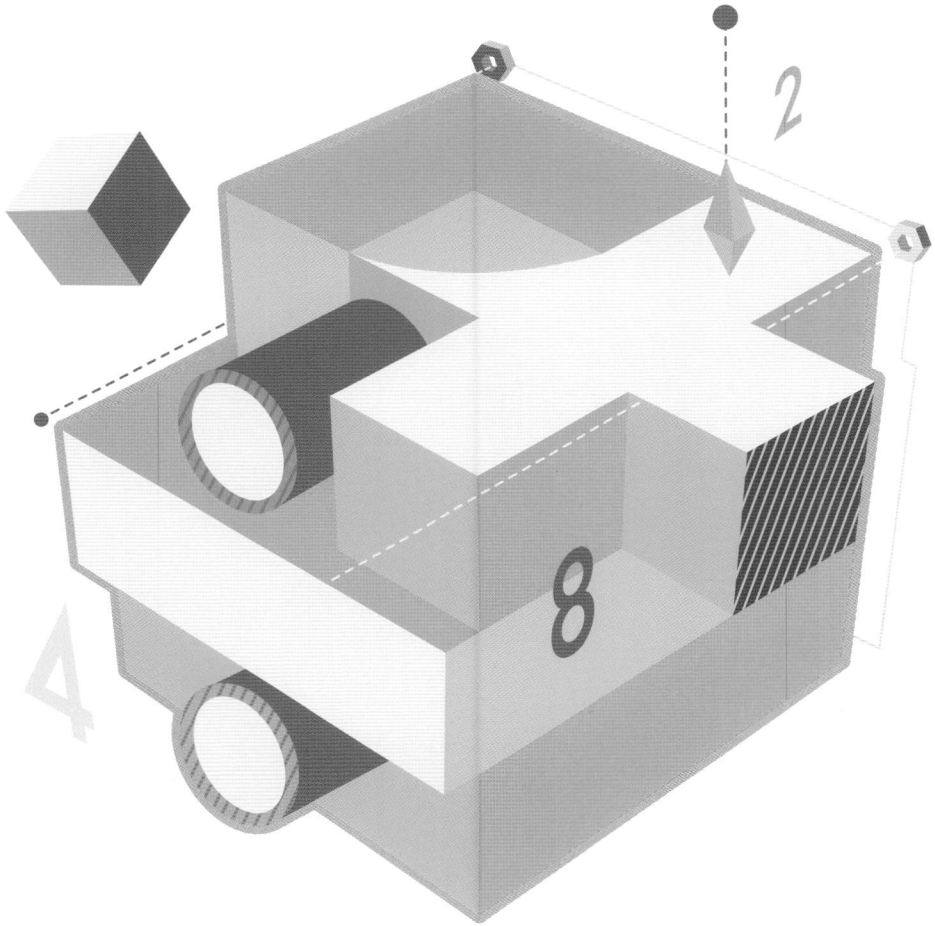

정답 및 해설

Guide Book

초등1 1호

덧셈구구

NE 능률

257 10 모으기 셈

월 일

10이 되는 두 수를 먼저 더한 다음, 남은 수를 더하시오.

4+6+3
10+3=13

❶ 7+2+8
7+10=17

❷ 5+4+5
10+4=14

❸ 8+2+5
10+5=15

❹ 3+9+1
3+10=13

❺ 3+8+7
8+10=18

❻ 7+3+2
10+2=12

❼ 9+6+4
9+10=19

❽ 1+6+9
10+6=16

❾ 5+5+1
10+1=11

합이 10이 되는 두 수를 찾아 ○표 한 후, 선으로 잇고 계산을 하시오.

4+6+3=13
10

❶ 7+9+3=19
10

❷ 7+9+1=17
10

❸ 6+3+4=13
10

❹ 3+7+5=15
10

❺ 5+1+5=11
10

❻ 8+4+6=18
10

❼ 1+9+4=14
10

❽ 6+2+8=16
10

❾ 7+2+3=12
10

258 가르기 덧셈

월 일

10이 되도록 ○를 그리고, ●를 /로 지워 덧셈을 하시오.

8+4=12

❶ 

9+5=14

❷ 

7+6=13

❸ 

8+3=11

4+7=11

❹ 

3+9=12

❺ 

5+8=13

❻ 

4+8=12

두 수를 더할 때 작은 수를 가르기하는 것이 편리합니다.

10이 되도록 수를 갈라 덧셈을 합니다. 빈칸에 알맞은 수를 써넣으시오.

8+6=14
2 4
10

❶ 9+2=11
1 1
10

❷ 7+5=12
3 2
10

❸ 9+3=12
1 2
10

❹ 8+7=15
2 5
10

❺ 8+5=13
2 3
10

2+9=11
1 1
10

❻ 6+8=14
4 2
10

❼ 4+7=11
1 3
10

❽ 4+9=13
3 1
10

❾ 6+9=15
5 1
10

❿ 7+8=15
5 2
10

259 치수선

월 일

◐ 빈칸에 알맞은 수를 써넣으시오.

8 5
10 3
13

8이 10이 되도록 5를 가릅니다. 5 (2, 3)

❶ 9 6
10 5
15

❷ 6 7
3 10
13

7이 10이 되도록 6을 가릅니다. 6 (3, 3)

❸ 4 8
2 10
12

❹ 7 7
4 10
14

❺ 5 7
2 10
12

❻ 9 8
10 7
17

❼ 8 8
6 10
16

◓ 빈칸에 알맞은 수를 써넣으시오.

8 6
14

8+6=10+4
=14

8이 10이 되도록 6을 가릅니다. 6 (2, 4)

❶ 7 5
12

7+5=10+2
=12

7이 10이 되도록 5를 가릅니다. 5 (3, 2)

❷ 4 8
12

4+8=2+10
=12

❸ 3 8
11

3+8=1+10
=11

❹ 5 6
11

5+6=1+10
=11

❺ 9 9
18

9+9=10+8
=18

260 갈림길

월 일

◐ 계산에 맞게 선을 그으시오.

3 + 8 = 11 (8, 9, 7)

❶ 6 + 7 = 13 (4, 6, 7)

❷ 9 + 8 = 17 (6, 8, 9)

❸ 7 + 4 = 13 (7, 4, 6)

❹ 5 + 9 = 14 (6, 9, 5)

❺ 4 + 8 = 11 (7, 8, 9)

❻ 2 + 5 = 11 (7, 5, 9)

❼ 8 + 8 = 16 (3, 8, 7)

◓ 계산에 맞게 빈칸에 알맞은 수를 써넣으시오.

3 + 7 = 10 (7, 10)
3 + 8 = 11 (8, 11)
3 + 9 = 12 (9, 12)

❶ 6 + 5 = 11 (4, 5, 6, 10, 11, 12)

❷ 9 + 8 = 17 (6, 8, 7, 15, 17, 16)

❸ 7 + 4 = 11 (7, 4, 9, 14, 11, 16)

❹ 5 + 8 = 13 (6, 8, 9, 11, 13, 14)

❺ 4 + 8 = 12 (7, 8, 9, 11, 12, 13)

잘 공부했는지 알아봅시다

월 일

1 그림을 보고 □ 안에 알맞은 수를 써넣으시오.

❶

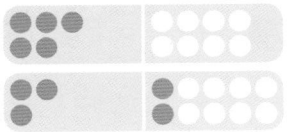

$5+8=\boxed{13}$

3 $\boxed{2}$

8과 2를 더하면 10이 되므로 5를 3과 2로 가르기 하여 계산합니다.

❷

$3+9=\boxed{12}$

$\boxed{2}$ $\boxed{1}$

9와 1을 더하면 10이 되므로 3을 2와 1로 가르기 하여 계산합니다.

2 빈칸에 알맞은 수를 써넣으시오.

❶

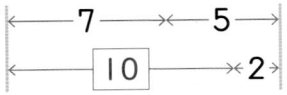

$7+5=\boxed{12}$

❷

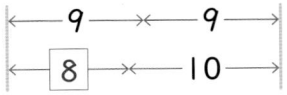

$9+9=\boxed{18}$

3 계산에 맞게 빈칸에 알맞은 수를 써넣으시오.

❶

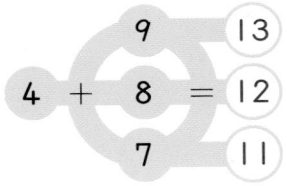

❷

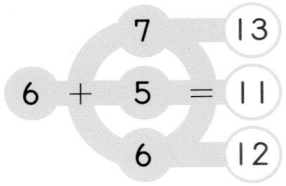

261 자물쇠

월 일

◐ 칠해진 두 수의 합을 빈칸에 써넣으시오.

12
5 2 4
3 7 1
※ 7 #
5+7=12
7+5=12

❶ 14
7 2 8
5 4 3
※ 6 #
8+6=14
6+8=14

❷ 11
3 6 4
1 5 7
※ 2 #
4+7=11
7+4=11

❸ 16
9 3 4
6 7 5
※ 8 #

❹ 13
9 3 7
8 5 6
※ 4 #

❺ 18
6 7 4
9 8 5
※ 9 #

❻ 15
4 6 3
8 2 7
※ 5 #

❼ 11
5 6 7
9 8 1
※ 7 #

❽ 12
6 4 7
3 1 2
※ 6 #

◑ 고리 안의 수가 합이 되는 두 수를 찾아 색칠하시오.

14
3 5
2 4
※ 7 #
6+8=14
8+6=14

❶ 15
4 6 2
5
※ 3 #
8+7=15
7+8=15

❷ 17
5 6 3
4
※ 7 #
9+8=17
8+9=17

❸ 13
2 4 5
3 1
※ #

❹ 12
3 1 4
6
※ 2 #

❺ 18
7 4 8
5 6
※ #

❻ 16
6 4
3 8 5
※ #

❼ 11
9 8
7 1
※ 7 #

❽ 14
2 8
5 4 3
※ #

262 도형 연결

월 일

두 수의 합이 ● 안의 수가 되도록 선으로 이으시오.

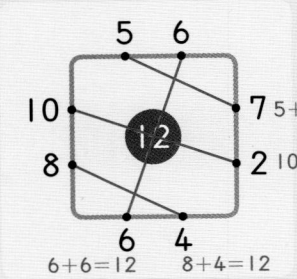

❶
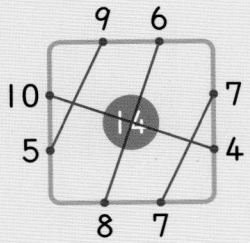

❷
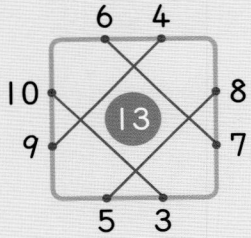

❸
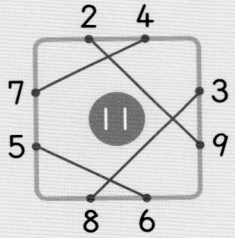

❹
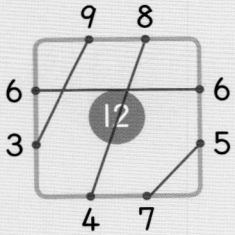

❺
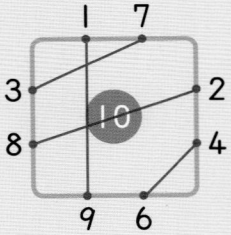

이어진 두 수의 합이 같도록 선으로 잇고, ○ 안에 두 수의 합을 써넣으시오.

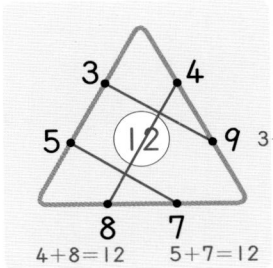

❶
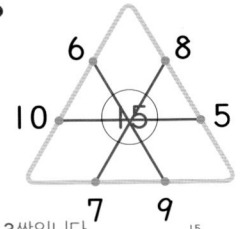

합이 같은 쌍이 3쌍입니다.
작은 수부터 차례로 써서 구하면 편리합니다.

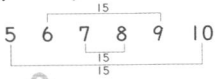

❷
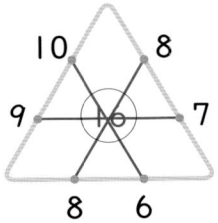

❸
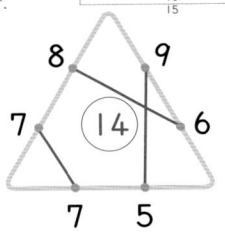

❹
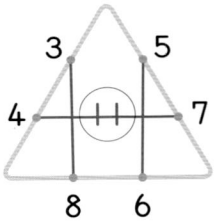

❺
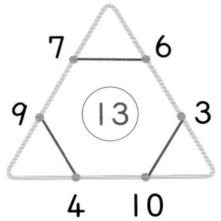

263 카드셈

월 일

❶ 숫자 카드를 한 번씩 모두 사용하여 덧셈식을 만드시오.

9 8 1 7 → 8+9=17, 9+8=17

❶ 4 5 1 9 → 5+9=14, 9+5=14

❷ 1 2 1 9 → 2+9=11, 9+2=11

❸ 1 8 7 5 → 7+8=15, 8+7=15

❹ 6 7 1 3 → 6+7=13, 7+6=13

❷ 숫자 카드를 한 번씩 모두 사용하여 덧셈식을 두 개 만드시오.

5 7 8 1 → 7+8=15, 8+7=15

❶ 7 9 1 8 → 8+9=17, 9+8=17

❷ 1 9 4 3 → 4+9=13, 9+4=13

❸ 6 3 7 1 → 6+7=13, 7+6=13

❹ 2 7 5 1 → 5+7=12, 7+5=12

❺ 6 4 8 1 → 6+8=14, 8+6=14

264 계산기

월 일

칠해진 숫자판을 눌러 덧셈한 것입니다. 계산 결과를 빈칸에 써넣으시오.

5+9=14
9+5=14

❶

7+8=15
8+7=15

❷

7+4=11
4+7=11

❸

❹

❺

❻

❼

❽

계산 결과를 보고 덧셈한 두 수를 빈칸에 쓰시오. 단, 작은 수부터 씁니다.

(4, 9)
(5, 8)
(6, 7)

4+9=13
5+8=13
6+7=13

❶

(6, 9)
(7, 8)

❷

(3, 9)
(4, 8)
(5, 7)
(6, 6)

❸

(5, 9)
(6, 8)
(7, 7)

❹

(2, 9)
(3, 8)
(4, 7)
(5, 6)

❺

(7, 9)
(8, 8)

잘 공부했는지 알아봅시다

월 일

1 고리 안의 수가 합이 되는 두 수를 찾아 색칠하시오.

❶

5+6=11
또는 3+8=11

❷

4+9=13
또는 5+8=13

2 이어진 두 수의 합이 같도록 선으로 잇고, 두 수의 합을 ○ 안에 써넣으시오.

❶

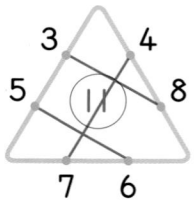

❷

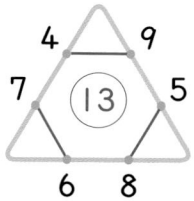

3 숫자 카드를 한 번씩 모두 사용하여 덧셈식을 두 개 만드시오.

3 7 1 6 → 6+7=13

7+6=13

265 수직선

월 일

◐ 빈칸에 알맞은 수를 써넣으시오.

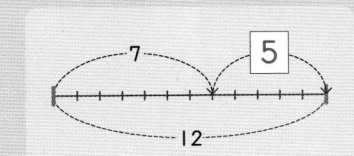

7칸을 간 후 다시 5칸을 가면 12가 됩니다.

❶
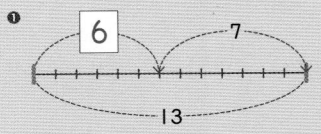

6칸을 간 후 다시 7칸을 가면 13이 됩니다.

❷
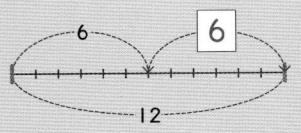

❸
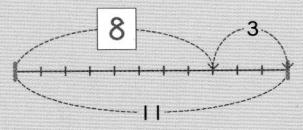

❹
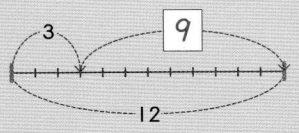

❺
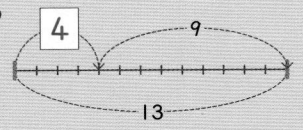

❻
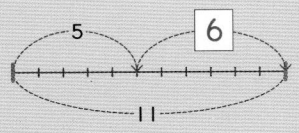

❼
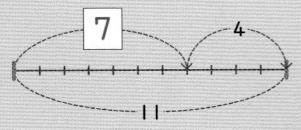

◐ 빈칸에 알맞은 수를 써넣으시오.

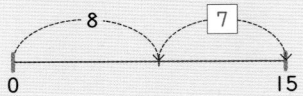

$8+\boxed{7}=15$

8에 어떤 수를 더하면 15가 될지 예상해 봅니다.
$8+5=13$ $8+6=14$ $8+\boxed{7}=15$

❶
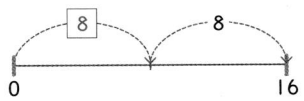

$\boxed{8}+8=16$

어떤 수에 8을 더하면 16이 될지 예상해 봅니다.
$5+8=13$ $6+8=14$
$7+8=15$ $\boxed{8}+8=16$

❷
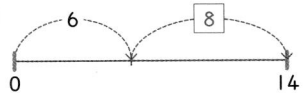

$6+\boxed{8}=14$

❸
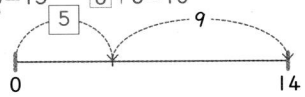

$\boxed{5}+9=14$

❹
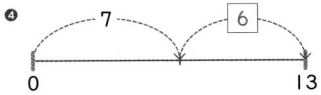

$7+\boxed{6}=13$

❺
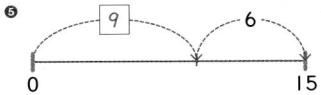

$\boxed{9}+6=15$

❻
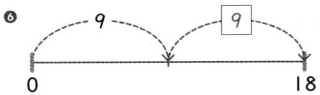

$9+\boxed{9}=18$

❼
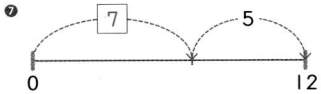

$\boxed{7}+5=12$

266 비행기

월 일

◐ 알맞은 수에 ○표 하시오.

9				
6	+	8	=	13
⑦				

6+7=13

❶

⑧				
6	+	8	=	16
4				

8+8=16

❷

2				
9	+	9	=	16
⑦				

❸

⑨				
7	+	3	=	12
8				

❹

④				
7	+	9	=	11
8				

❺

5				
⑥	+	6	=	12
4				

❻

8				
4	+	6	=	13
⑨				

❼

8				
7	+	9	=	15
⑥				

✚ 빈칸에 알맞은 수를 써넣으시오.

5			13		8+5=13
8	+	8	=	16	8+8=16
4			12		8+4=12

❶

6			6	
3	+	9	=	12
8			4	

❷

8			14	
6	+	9	=	15
6			12	

❸

4			7	
2	+	9	=	11
3			8	

❹

6			13	
7	+	9	=	16
8			15	

❺

9			4	
5	+	8	=	13
6			7	

❻

7			12	
5	+	6	=	11
8			13	

❼

9			5	
6	+	8	=	14
7			7	

267

하우스

◐ 덧셈을 하여 빈칸에 알맞은 수를 써넣으시오.

+ 7		
4	11	4+7=11
6	13	6+7=13
8	15	8+7=15

❶

+ 5	
9	14
6	11
7	12

❷

+ 6	
4	10
7	13
9	15

❸

+ 3	
8	11
7	10
9	12

❹

+ 8	
2	10
5	13
9	17

❺

+ 9	
3	12
9	18
5	14

❻

+ 4	
9	13
7	11
8	12

❼

+ 8	
8	16
4	12
7	15

❽

+ 7	
9	16
7	14
5	12

월 일

✚ 빈칸에 알맞은 수를 써넣으시오.

+ 8	
6	14
7	15
4	12

7+○=15에서
○ 안의 수 8을 구합니다.

❶

+ 7	
7	14
3	10
8	15

7+○=14에서
○ 안의 수 7을 구합니다.

❷

+ 5	
6	11
8	13
5	10

8+○=13에서
○ 안의 수 5를 구합니다.

❸

+ 6	
9	15
6	12
5	11

❹

+ 9	
4	13
2	11
6	15

❺

+ 4	
6	10
9	13
8	12

❻

+ 8	
8	16
5	13
9	17

❼

+ 3	
9	12
8	11
7	10

❽

+ 9	
9	18
7	16
5	14

268 다리 잇기

월 일

◐ 이어진 두 수의 합이 오른쪽 수가 되도록 빈칸에 알맞은 수를 써넣으시오.

7+⑥=13

9 8 7 — 13 — 4 6 5

⑨+4=13 8+⑤=13

❶ ⑨+6=15

7 9 8 — 15 — 7 6 8

8+⑦=15 7+⑧=15

❷ 9 2 6 — 10 — 1 8 4

❸ 4 9 3 — 12 — 3 8 9

❹ 4 2 8 — 11 — 9 3 7

❺ 9 8 7 — 16 — 9 7 8

◐ 이어진 두 수의 합이 같도록 선을 긋고 빈칸에 합을 써넣으시오.

8 5 7 — 14 — 7 6 9

위의 세 수 중 가장 큰 수인 8과 아래의 세 수 중 가장 작은 수인 6을 연결합니다. 8과 6의 합 14를 빈칸에 써넣습니다.

❶ 9 4 3 — 11 — 7 2 8

위의 세 수 중 가장 큰 수인 9와 아래의 세 수 중 가장 작은 수인 2를 연결합니다. 9와 2의 합 11을 빈칸에 써넣습니다.

❷ 6 7 4 — 12 — 8 6 5

❸ 9 7 5 — 13 — 8 6 4

❹ 6 9 7 — 14 — 5 7 8

❺ 9 8 7 — 16 — 9 7 8

잘 공부했는지 알아봅시다

월 일

1 빈칸에 알맞은 수를 써넣으시오.

❶

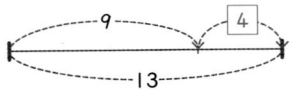

$9+\boxed{4}=13$

❷

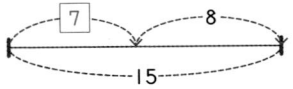

$\boxed{7}+8=15$

2 빈칸에 알맞은 수를 써넣으시오.

❶

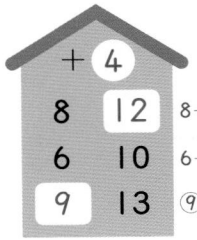

8+4=⑫
6+④=10
⑨+4=13

❷

⑤+7=12
7+7=⑭
8+⑦=15

3 이어진 두 수의 합이 오른쪽 수가 되도록 빈칸에 알맞은 수를 써넣으시오.

❶

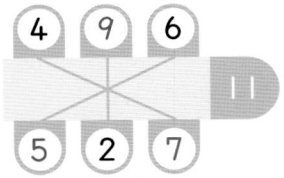

4+⑦=11
⑨+2=11
6+⑤=11

❷

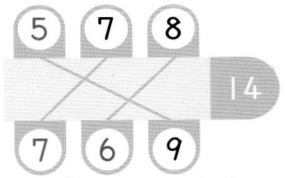

⑤+9=14
7+⑦=14
8+⑥=14

269 자동차 길

월 일

◐ 길을 따라 계산하여 빈칸에 알맞은 수를 써넣으시오.

7+1+9=17

❶
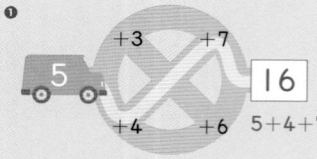

5+4+7=16

❷
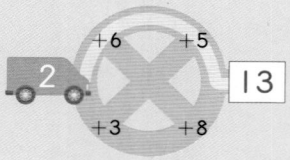

❸
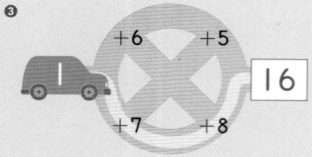

❹
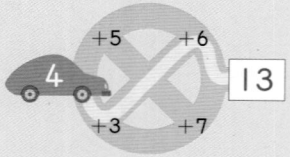

❺
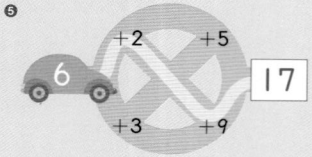

❻

❼
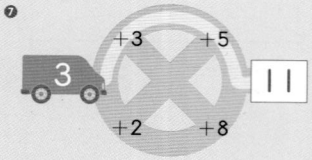

◑ 계산 결과에 맞게 자동차 길을 그으시오.

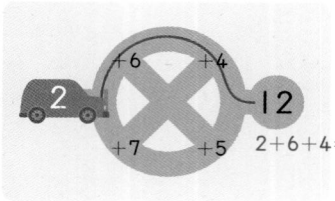

2+6+4=12

❶
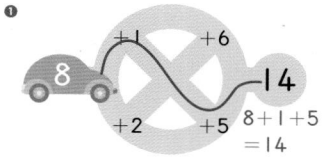

8+1+5
=14

❷
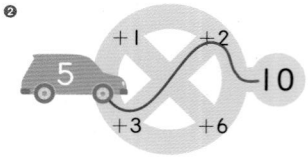

❸
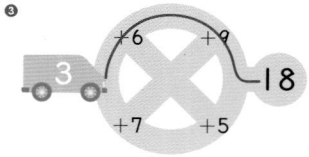

❹
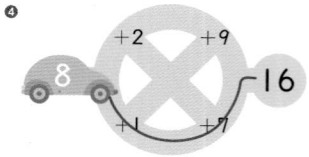

❺
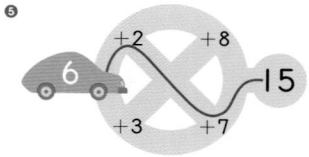

❻
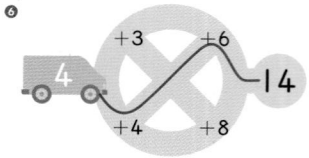

❼
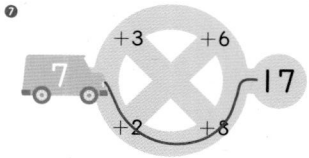

270 방 통과

◐ 방을 통과하면서 만난 수를 모두 더하여 빈칸에 알맞게 써넣으시오.

8+1+6=15

❶

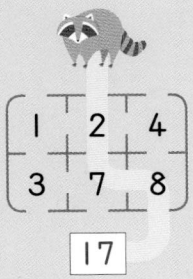

2+7+8=17

❷

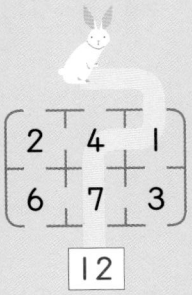

1+4+7=12

❸

❹

❺

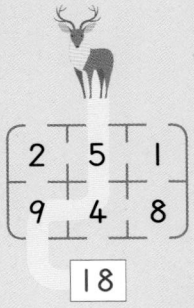

✤ 세 방을 통과하면서 만난 수들의 합이 ▬ 안의 수가 되도록 선을 그으시오.

4+5+8=17

❶

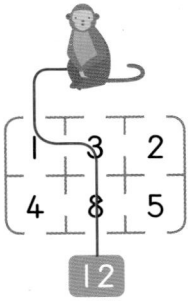

1+3+8=12

❷

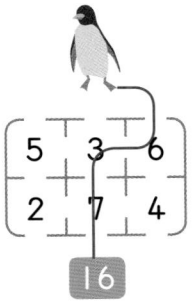

6+3+7=16

❸

❹

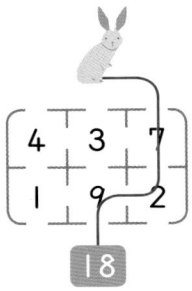

❺

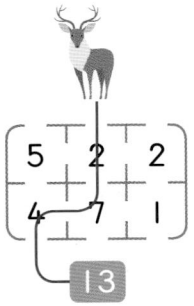

271 원 삼각형

월 일

◐ 연결된 세 수의 합을 구하시오.

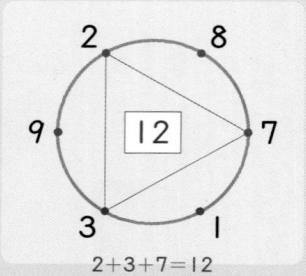

2+3+7=12

❶

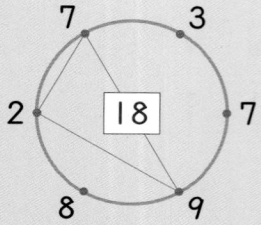

2+7+9=18

❷

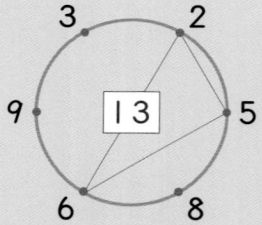

❸

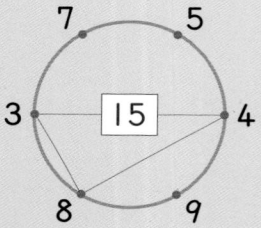

❹

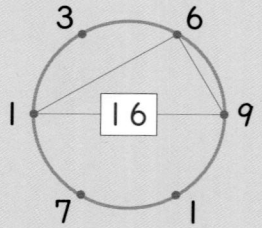

❺

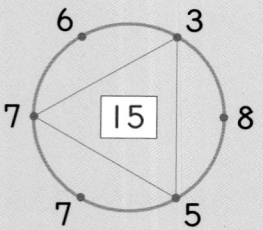

◑ 연결된 세 수의 합이 ▬ 안의 수가 되도록 선을 그으시오.

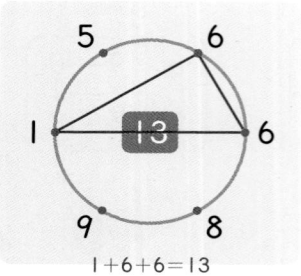

1+6+6=13

❶

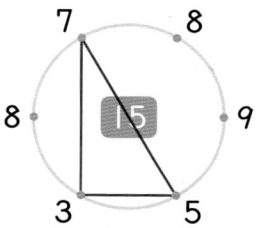

7+3+5=15

❷

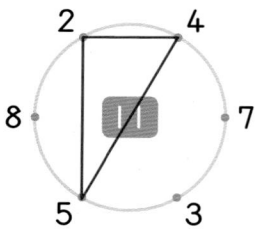

❸

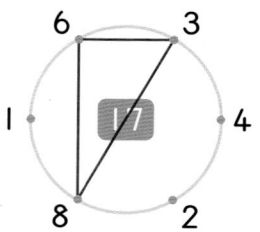

❹

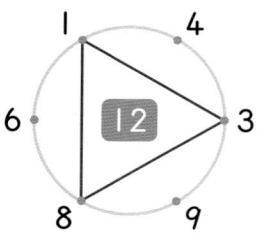

❺

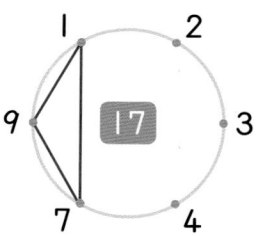

272 수 묶기

이웃한 세 수의 합이 ● 안의 수가 되도록 ◯로 묶으시오.

11 3 2 (4 2 5)
4+2+5=11

❶ 14 4 (7 2 5) 8
7+2+5=14

❷ 13 4 (3 4 6) 4
3+4+6=13

❸ 15 (1 6 8) 3 6
1+6+8=15

❹ 18 (6 3 9) 1 4

❺ 11 5 3 (2 1 8)

❻ 17 (5 3 9) 3 6

❼ 13 9 (1 4 8) 2

❽ 12 4 2 (3 2 7)

❾ 14 6 5 (2 6 6)

❿ 17 3 (5 4 8) 6

⓫ 19 (6 4 9) 3 4

이웃한 세 수의 합이 ▬ 안의 수가 되도록 ◯로 묶으시오.

12

4	6	6	3
8	1	2	5
2	5	1	4
4	4	4	3

6+1+5=12
3+5+4=12
4+4+4=12

❶ 11

5	2	3	2
1	7	7	2
5	4	1	8
4	6	2	3

5+1+5=11
3+7+1=11
6+2+3=11

❷ 13

4	2	5	1
2	7	5	9
5	3	3	6
6	8	4	1

❸ 15

4	1	9	3
6	8	7	4
5	6	1	9
5	5	6	2

❹ 14

3	4	4	6
2	3	5	7
7	4	2	8
9	1	6	7

❺ 16

3	4	4	1
8	1	5	9
9	2	7	6
6	7	3	5

잘 공부했는지 알아봅시다

월 일

1 연결된 세 수의 합을 구하시오.

❶

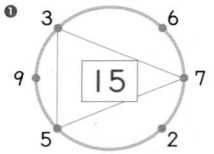

❷

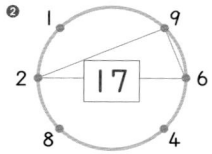

2 이웃한 세 수의 합이 ◠ 안의 수가 되도록 ◯로 묶으시오.

❶

1+8+4=13
5+3+5=13
7+1+5=13

❷

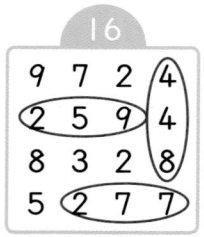

2+5+9=16
4+4+8=16
2+7+7=16

3 세 개의 방을 통과하면서 만난 수들의 합이 ▬ 안의 수가 되도록 선을 그으시오.

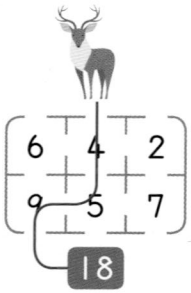

273 한 식 문장제

월 일

❶ □ 안에 알맞은 수를 써넣으시오.

배구공이 9개, 농구공이 9개 있습니다. 공은 모두 몇 개 있습니까?

식 : 9 + 9 = 18 (개)

❶ 민주는 칭찬 스티커를 6개 가지고 있습니다. 소희는 민주보다 5개 더 가지고 있습니다. 소희가 가지고 있는 칭찬 스티커는 몇 개입니까?

식 : 6 + 5 = 11 (개)

❷ 종이학을 태희는 5개, 민수는 7개 접었습니다. 두 사람이 접은 종이학은 모두 몇 개입니까?

식 : 5 + 7 = 12 (개)

❸ 민지는 어제 동화책을 7쪽까지 읽었고, 오늘은 8쪽을 읽었습니다. 민지는 어제와 오늘 모두 몇 쪽을 읽었습니까?

식 : 7 + 8 = 15 (쪽)

❹ 슬기는 9살입니다. 4년 후에는 몇 살이 됩니까?

식 : 9 + 4 = 13 (살)

❹ 식과 답을 쓰시오.

오렌지가 4개, 사과가 8개 있습니다. 과일은 모두 몇 개 있습니까?

식 : 4+8=12 답 : 12 개

❶ 민우는 어제 윗몸일으키기를 6번 하였습니다. 오늘은 어제보다 8번 더 하였습니다. 민우는 오늘 윗몸일으키기를 몇 번 하였습니까?

식 : 6+8=14 답 : 14 번

❷ 과일 가게에서 자두를 7개, 복숭아를 4개 팔았습니다. 과일을 모두 몇 개 팔았습니까?

식 : 7+4=11 답 : 11 개

❸ 9보다 5 큰 수는 얼마입니까?

식 : 9+5=14 답 : 14

❹ 재호는 공깃돌을 3개 가지고 있습니다. 슬기는 재호보다 9개 더 가지고 있습니다. 슬기가 가지고 있는 공깃돌은 모두 몇 개입니까?

식 : 3+9=12 답 : 12 개

274 □ 문장제

월 일

❶ □를 사용한 식을 쓰시오. 밑줄 친 말을 □로 나타냅니다.

양계장의 닭들이 어제는 달걀을 7개 낳았고, 오늘은 몇 개를 낳아서 모두 12개가 되었습니다.

식 : 7+□=12

❶ 교실에 여학생 몇 명과 남학생 4명이 있는데 모두 12명입니다.

식 : □+4=12

❷ 진호는 공깃돌 8개를 가지고 있었는데 누나가 몇 개를 더 주어 모두 13개가 되었습니다.

식 : 8+□=13

❸ 풀밭에 흰 토끼가 몇 마리 있었는데 검정 토끼가 5마리 와서 모두 11마리가 되었습니다.

식 : □+5=11

❹ 파란 상자에 사과가 6개 있고, 노란 상자에 사과가 몇 개 있습니다. 두 상자에 있는 사과는 모두 15개입니다.

식 : 6+□=15

❷ □를 사용한 식을 쓰고 답을 구하시오.

과일 가게에서 참외를 4개, 키위를 몇 개 팔았습니다. 과일을 모두 11개 팔았습니다. 키위는 몇 개 팔았습니까?

식 : 4+□=11 답 : 7 개

❶ 철호는 과학책을 3쪽까지 읽었습니다. 오늘은 몇 쪽을 더 읽어 12쪽까지 읽었습니다. 오늘은 몇 쪽을 읽었습니까?

식 : 3+□=12 답 : 9 쪽

❷ 진우는 8살입니다. 몇 년 후면 15살이 됩니까?

식 : 8+□=15 답 : 7 년

❸ 민주는 종이학을 몇 개 가지고 있습니다. 슬기는 민주보다 5개 더 많은 11개의 종이학을 가지고 있습니다. 민주는 종이학을 몇 개 가지고 있습니까?

식 : □+5=11 답 : 6 개

❹ 어제는 우리에 고슴도치가 6마리 있었습니다. 오늘 몇 마리가 더 들어와 13마리가 되었습니다. 오늘 들어온 고슴도치는 몇 마리입니까?

식 : 6+□=13 답 : 7 마리

275 세 수 문장제

월 일

◐ □ 안에 알맞은 수를 써넣으시오.

어머니께서 초콜릿 4개를 사오셨고, 아버지께서 어머니보다 3개 더 많이 사오셨습니다. 어머니와 아버지께서 사오신 초콜릿은 모두 몇 개입니까?

식 : $\boxed{4}$ + $\boxed{4}$ + $\boxed{3}$ = $\boxed{11}$ (개)
어머니 아버지

❶ 3명이 타고 있던 버스에 첫 번째 정류장에서 5명이 타고, 두 번째 정류장에서 6명이 탔습니다. 버스에 타고 있는 사람은 모두 몇 명입니까?

식 : $\boxed{3}$ + $\boxed{5}$ + $\boxed{6}$ = $\boxed{14}$ (명)

❷ 빨간색 색종이가 4장 있고, 노란색 색종이는 빨간색 색종이보다 7장 더 많습니다. 색종이는 모두 몇 장입니까?

식 : $\boxed{4}$ + $\boxed{4}$ + $\boxed{7}$ = $\boxed{15}$ (장)

❸ 주머니 속에 500원짜리 동전이 3개, 100원짜리 동전이 2개, 50원짜리 동전이 7개가 있습니다. 주머니에 있는 동전은 모두 몇 개입니까?

식 : $\boxed{3}$ + $\boxed{2}$ + $\boxed{7}$ = $\boxed{12}$ (개)

◐ 식과 답을 쓰시오.

학급 문고를 만들기 위해 책을 모았습니다. 어제는 3권을 모았고, 오늘은 어제보다 6권을 더 모았습니다. 모두 몇 권이 되었습니까?

식 : 3+3+6=12 답 : 12 권

❶ 연필을 현우는 2자루, 민주는 7자루, 소연이는 8자루 모았습니다. 세 사람이 모은 연필은 모두 몇 자루입니까?

식 : 2+7+8=17 답 : 17 자루

❷ 유진이는 친구들과 고리 던지기 놀이를 하였습니다. 유진이는 고리를 3개 던졌고, 선영이는 유진이보다 8개 더 많이 던졌습니다. 두 사람이 던진 고리는 모두 몇 개입니까?

식 : 3+3+8=14 답 : 14 개

❸ 교실에 여학생 4명과 남학생 5명이 있었는데 학생 9명이 더 왔습니다. 교실에 있는 학생은 모두 몇 명입니까?

식 : 4+5+9=18 답 : 18 명

276 어떤 수

월 일

◐ □를 사용한 식으로 나타내시오.

어떤 수에 7을 더하였더니 15가 되었습니다.

식 : □+7=15

❶ 어떤 수에 5를 더하였더니 11이 되었습니다.

식 : □+5=11

❷ 8에 어떤 수를 더하였더니 11이 되었습니다.

식 : 8+□=11

❸ 어떤 수와 6의 합은 14입니다.

식 : □+6=14

❹ 9와 어떤 수의 합은 14입니다.

식 : 9+□=14

❺ 4에 어떤 수를 더하였더니 13이 되었습니다.

식 : 4+□=13

✤ 어떤 수를 구하고, 물음에 답하시오.

어떤 수에 7을 더해야 할 것을 잘못하여 9를 더하였더니 13이 되었습니다. 바르게 계산하면 얼마입니까?

어떤 수 : □+9=13, □=4

계산하기 : 4+7=11

❶ 어떤 수와 7의 합은 16입니다. 어떤 수에 9를 더하면 얼마입니까?

어떤 수 : □+7=16, □=9

계산하기 : 9+9=18

❷ 어떤 수에 5를 더해야 할 것을 잘못하여 8을 더하였더니 15가 되었습니다. 바르게 계산하면 얼마입니까?

어떤 수 : □+8=15, □=7

계산하기 : 7+5=12

❸ 8에 어떤 수를 더했더니 16입니다. 5와 어떤 수의 합은 얼마입니까?

어떤 수 : 8+□=16, □=8

계산하기 : 5+8=13

❹ 어떤 수에 8을 더해야 할 것을 잘못하여 6을 더했더니 12가 되었습니다. 바르게 계산하면 얼마입니까?

어떤 수 : □+6=12, □=6

계산하기 : 6+8=14

잘 공부했는지 알아봅시다

월 일

1 철수는 구슬 7개를 가지고 있습니다. 친구에게 구슬 3개를 받는다면 철수가 가진 구슬은 몇 개가 됩니까?

식 : 7+3=10 답 : 10 개

2 □를 사용한 식을 쓰고, 답을 구하시오.

❶ 음악실에 여학생 8명과 남학생 몇 명이 있습니다. 학생은 모두 13명입니다. 남학생은 몇 명입니까?

식 : 8+□=13 답 : 5 명

❷ 지은이는 책을 지난주에 9권 읽었고, 이번 주에는 몇 권을 읽었습니다. 2주 동안 읽은 책이 모두 17권이라면 이번 주에 읽은 책은 몇 권입니까?

식 : 9+□=17 답 : 8 권

3 민서는 쿠키 4개를 먹었고, 진희는 민서보다 쿠키를 3개 더 먹었습니다. 두 사람이 먹은 쿠키는 모두 몇 개입니까?

식 : 4+4+3=11 답 : 11 개

4 어떤 수에 6을 더해야 할 것을 잘못하여, 9를 더하였더니 16이 되었습니다. 바르게 계산하면 얼마입니까?

어떤 수 : □+9=16, □=7 계산하기 : 7+6=13

277 원 선 연결

월 일

❶ 연결한 두 수의 합을 빈칸에 써넣으시오.

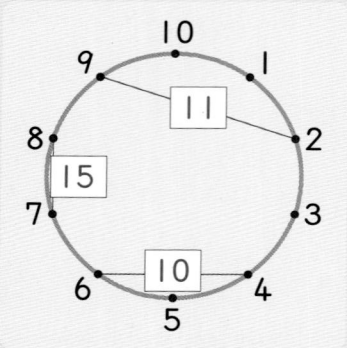

❶

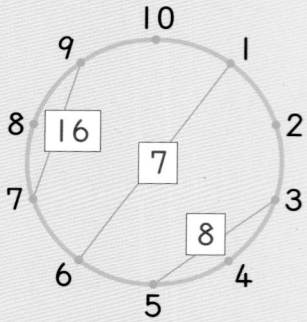

❷

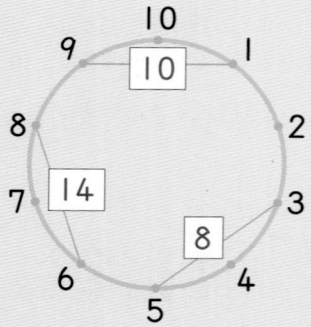

❸

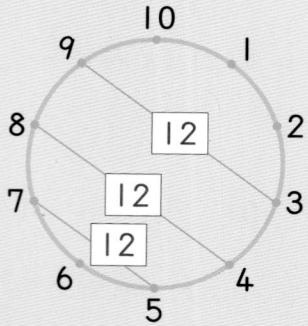

❷ 합이 가운데 수가 되도록 두 점을 연결하시오. ● 안의 수만큼 선을 긋습니다.

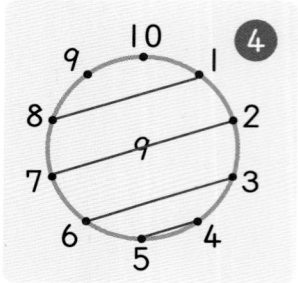

❶

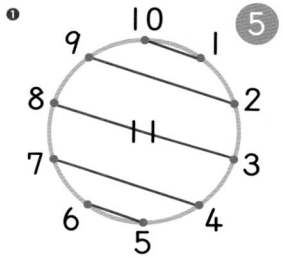

❷

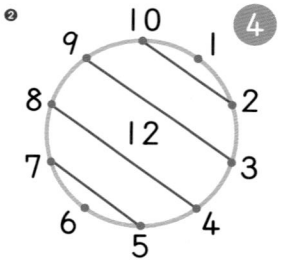

❸

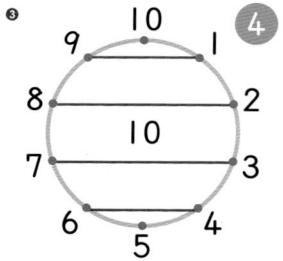

❹

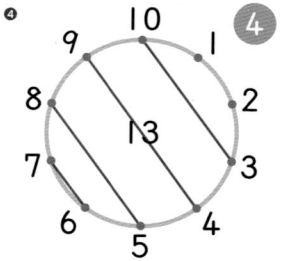

278 바람개비

월 일

◐ 가로, 세로로 두 수의 합을 빈칸에 써넣으시오.

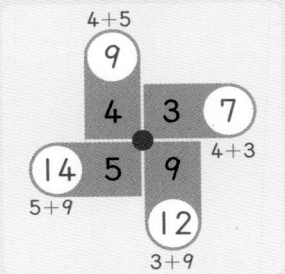

❶

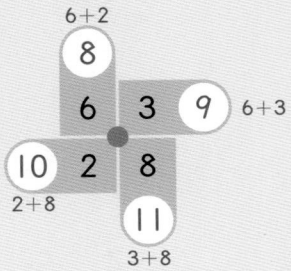

❷

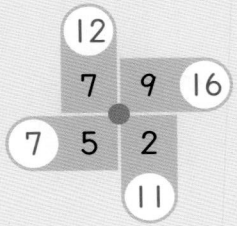

❸

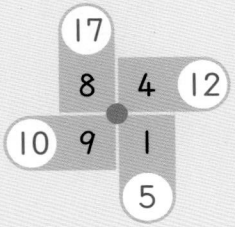

❹

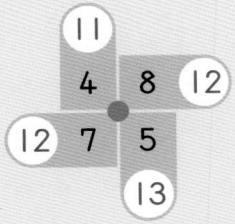

❺

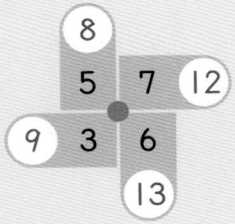

✚ 빈칸에 알맞은 수를 써넣으시오.

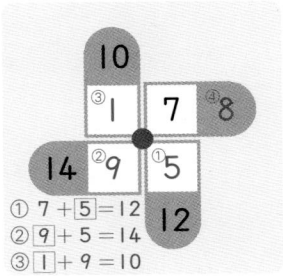

① 7 + [5] = 12
② [9] + 5 = 14
③ [1] + 9 = 10
④ 1 + 7 = [8]

❶

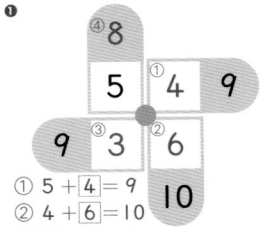

① 5 + [4] = 9
② 4 + [6] = 10
③ [3] + 6 = 9
④ 5 + 3 = [8]

❷

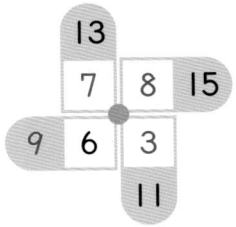

❸

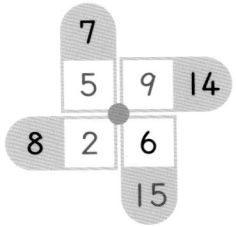

❹

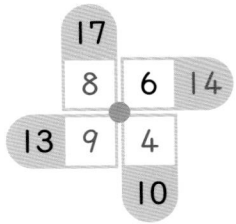

❺

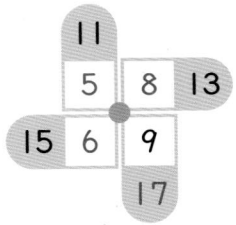

279 피라미드

월 일

❶ 위의 수는 아래 두 수의 합입니다. 빈칸을 채우시오.

7+9=16

3+4=7 4+5=9

❶

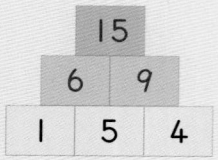

❷

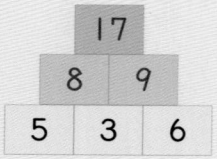

❸

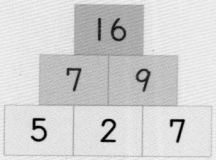

❹

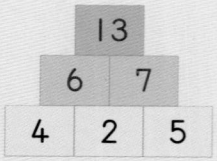

❺

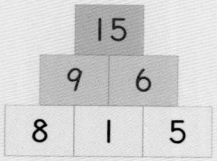

❷ 위의 수는 아래 두 수의 합입니다. 빈칸을 채우시오.

푸는 순서를 찾는 것이 중요합니다.

① 7+[4]=11
② [6]+1=7
③ 1+[3]=4

❶

① 5+3=[8]
② 3+[2]=5
③ 8+5=[13]

❷

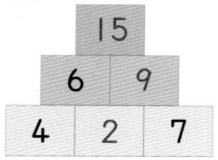

❸

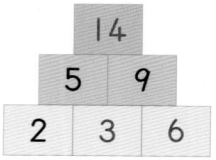

❹

❺

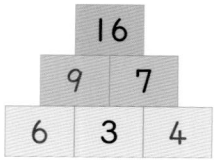

280 덧셈표

월 일

◐ 가로, 세로로 더하여 빈칸에 알맞은 수를 써넣으시오.

+	9	7	8
1	10 1+9	8 1+7	9 1+8
3	12 3+9	10 3+7	11 3+8
4	13 4+9	11 4+7	12 4+8

덧셈표는 세로줄의 수와 가로줄의 수를 더하여 표를 만든 것입니다.

❶

+	3	4	5
8	11	12	13
7	10	11	12
5	8	9	10

❷

+	9	7	2
6	15	13	8
4	13	11	6
8	17	15	10

❸

+	4	6	3
9	13	15	12
5	9	11	8
3	7	9	6

❹

+	2	1	7
4	6	5	11
8	10	9	15
3	5	4	10

❺

+	4	6	1
7	11	13	8
5	9	11	6
2	6	8	3

✤ 덧셈표의 빈칸에 알맞은 수를 써넣으시오. 푸는 순서를 찾는 것이 중요합니다. 먼저 가로줄, 세로줄에 있는 수를 구합니다.

+	9	①7	8
1	10	8	9
3	12	10	11
②2	11	9	10

① 3+[7]=10
② [2]+8=10

❶

+	②4	6	③5
①6	10	12	11
7	11	13	12
④1	5	7	6

① [6]+6=12
② 6+[4]=10
③ 7+[5]=12
④ [1]+5=6

❷

+	8	9	7
4	12	13	11
2	10	11	9
5	13	14	12

❸

+	1	3	2
9	10	12	11
7	8	10	9
3	4	6	5

❹

+	5	9	8
9	14	18	17
7	12	16	15
1	6	10	9

❺

+	4	6	8
3	7	9	11
6	10	12	14
2	6	8	10

잘 공부했는지 알아봅시다

월 일

1 가로, 세로로 두 수의 합을 빈칸에 써넣으시오.

❶

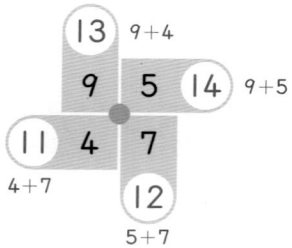

❷

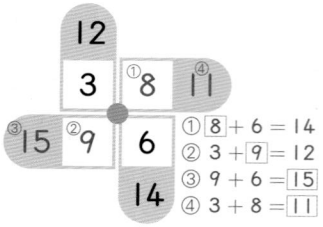

① $\boxed{8}+6=14$
② $3+\boxed{9}=12$
③ $9+6=\boxed{15}$
④ $3+8=\boxed{11}$

2 아래의 수는 위 두 수의 합입니다. 빈칸에 알맞은 수를 써넣으시오.

❶

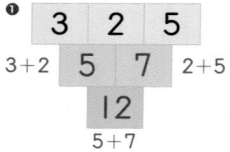

❷

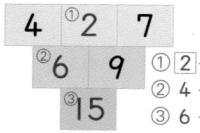

① $\boxed{2}+7=9$
② $4+2=\boxed{6}$
③ $6+9=\boxed{15}$

3 덧셈표의 빈칸에 알맞은 수를 써넣으시오.

+	5	9	6
7	12	16	13
4	9	13	10
8	13	17	14

281 네모 대소

◐ □ 안에 들어갈 수 있는 수를 찾아 ○표 하시오.

$7+\square<11$

③ 4 5

$7+3<11$
$7+4=11$
$7+5>11$

❶ $3+\square>11$

7 8 ⑨

$3+7<11$
$3+8=11$
$3+9>11$

❷ $8+\square<15$

⑥ 7 8

$8+6<15$
$8+7=15$
$8+8>15$

❸ $\square+9>12$

2 3 ④

❹ $\square+8<14$

⑤ 6 7

❺ $\square+4>12$

7 8 ⑨

❻ $6+\square>10$

3 4 ⑤

❼ $4+\square<11$

⑥ 7 8

❽ $5+\square>12$

6 7 ⑧

❾ $\square+8<12$

③ 4 5

❿ $\square+7>15$

7 8 ⑨

⓫ $\square+6<13$

⑥ 7 8

월 일

✚ 1에서 9까지의 수 중에서 □ 안에 들어갈 수 있는 수를 모두 쓰시오.

$8+\square>12$

5, 6, 7, 8, 9

$8+\boxed{4}=12$이므로 □ 안에는 4보다 큰 수가 들어갑니다.

❶ $\square+5<11$

1, 2, 3, 4, 5

❷ $\square+6>13$

8, 9

❸ $9+\square<15$

1, 2, 3, 4, 5

❹ $5+\square>11$

7, 8, 9

❺ $\square+7<12$

1, 2, 3, 4

❻ $\square+9>13$

5, 6, 7, 8, 9

❼ $8+\square<14$

1, 2, 3, 4, 5

❽ $7+\square>12$

6, 7, 8, 9

❾ $\square+5<12$

1, 2, 3, 4, 5, 6

282 매트릭스

월 일

◐ 가로, 세로로 두 수씩 더해 빈칸에 알맞은 수를 써넣으시오.

1	5		6	1+5
3		2	5	3+2
	6	4	10	6+4
4	11	6	+	
1+3	5+6	2+4		

❶

5	7		12	5+7
	9	4	13	9+4
2		1	3	2+1
7	16	5	+	
5+2	7+9	4+1		

❷

	7	4	11
6	2		8
8		3	11
14	9	7	+

❸

	3	7	10
5		1	6
9	6		15
14	9	8	+

❹

6		8	14
	2	9	11
4	5		9
10	7	17	+

❺

8		7	15
5	6		11
	9	3	12
13	15	10	+

✚ 1부터 9까지의 수 중 서로 다른 수를 써넣어 매트릭스를 완성하시오.

5	①4		9	① 5 + 4 = 9
	②3	③2	5	② 4 + 3 = 7
⑤7		④9	16	③ 3 + 2 = 5
12	7	11	+	④ 2 + 9 = 11
				⑤ 7 + 9 = 16

❶

③6		②3	9
	1	①8	9
④7	⑤4		11
13	5	11	+

① 1 + 8 = 9
② 3 + 8 = 11
③ 6 + 3 = 9
④ 6 + 7 = 13
⑤ 7 + 4 = 11

❷

	8	4	12
2	6		8
5		7	12
7	14	11	+

❸

	8	9	17
7		4	11
2	3		5
9	11	13	+

❹

9	3		12
6		4	10
	5	7	12
15	8	11	+

❺

5		8	13
9	7		16
	2	3	5
14	9	11	+

283 벌집셈

월 일

◐ 벌집 안 두 수의 합을 빈칸에 써넣으시오.

5+7 8+6 1+9 4+2
12 14 10 6
3 7 6 9 2
5 8 1 4
8 15 7 13
3+5 7+8 6+1 9+4

❶
4+1 3+8 6+9 7+5
5 11 15 12
2 1 8 9 5
4 3 6 7
6 4 14 16
2+4 1+3 8+6 9+7

❷
4 10 13 14
4 3 8 7 5
1 2 6 9
5 5 14 16

❸
13 13 8 5
6 5 4 7 2
8 9 1 3
14 14 5 10

❹
14 10 10 8
3 5 2 4 7
9 8 6 1
12 13 8 5

❺
17 5 8 10
5 9 2 7 4
8 3 1 6
13 12 3 13

◓ 두 수의 합에 맞게 1에서 9까지의 수를 하나씩 벌집 안에 써넣으시오.

10 11 13 4
7 6 2 5 1
4 9 8 3
11 15 10 8
합이 4가 되는 두 수부터 넣어 봅니다.

❶
10 13 13 3
6 3 5 4 1
7 8 9 2
13 11 14 6
합이 3이 되는 두 수부터 넣어 봅니다.

❷
4 15 12 9
5 3 9 8 7
1 6 4 2
6 9 13 10

❸
11 3 13 9
9 4 2 5 3
7 1 8 6
16 5 10 11

❹
10 13 11 7
4 3 8 9 6
7 5 2 1
11 8 10 10

❺
9 14 9 9
4 2 9 6 8
7 5 3 1
11 7 12 7

284 약속셈

월 일

약속에 맞게 계산한 것입니다. 빈칸에 알맞은 수를 써넣으시오.

약속 ■⊙●=■+●+■

6⊙3=6+ 3 +6
= 15
5⊙4= 5 +4+ 5
= 14

❶ 약속 ■◇●=■+●+5

4◇2=4+ 2 +5
= 11
3◇5=3+ 5 +5
= 13

❷ 약속 ■⊡●=■+●+●

7⊡2=7+ 2 +2
= 11
5⊡4= 5 +4+ 4
= 13

❸ 약속 ■△●=■+3+●

6△6=6+3+ 6
= 15
5△9=5+3+ 9
= 17

약속에 맞게 계산하시오.

약속 ■⊙●=■+●+■

7⊙1= 15 7+1+7
6⊙2= 14 6+2+6

❶ 약속 ■◇●=■+●+5

4◇3= 12 4+3+5
6◇1= 12 6+1+5

❷ 약속 ■⊡●=■+●+●

6⊡3= 12 6+3+3
1⊡8= 17 1+8+8

❸ 약속 ■△●=■+3+●

4△7= 14 4+3+7
2△8= 13 2+3+8

❹ 약속 ■▽●=4+■+●

3▽8= 15 4+3+8
5▽6= 15 4+5+6

❺ 약속 ■⊙●=■+●+■

4⊙5= 13 4+5+4
7⊙2= 16 7+2+7

잘 공부했는지 알아봅시다

월 일

1 두 수를 골라 □ 안에 써넣어 식을 완성하시오. 두 수를 바꾸어도 됩니다.

❶ 7+ 2 + 6 =15

2 5 8 6

❷ 6+ 3 + 8 =17

1 8 4 3

2 두 수의 합에 맞게 1에서 9까지의 수를 하나씩 벌집 안에 써넣으시오.

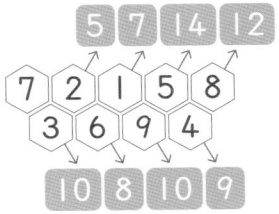

3 약속에 맞게 계산하시오.

❶ 약속

■⊙●=■+●+■

7⊙1= 15 7⊙1=7+1+7

❷ 약속

■⊡●=■+●+●

2⊡4= 10 2⊡4=2+4+4

285 사다리 타기

월 일

◐ 사다리 타기를 해 봅시다. 빈칸에 알맞은 수를 써넣으시오.

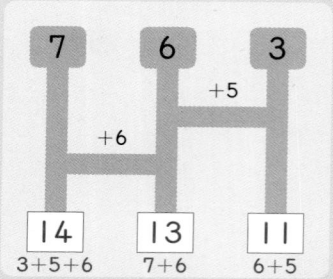

❶
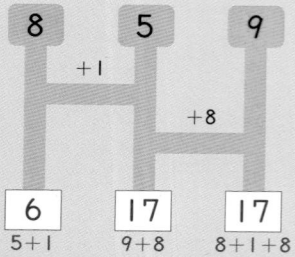

❷
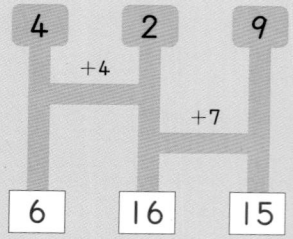

❸
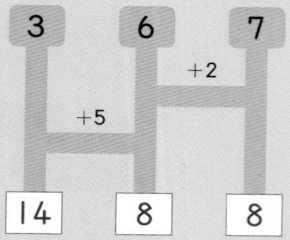

❹
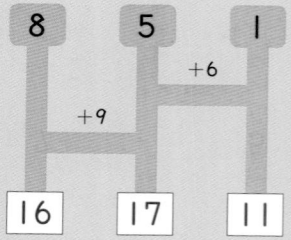

❺
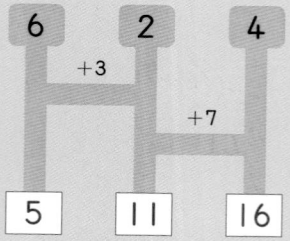

✚ 빈칸에 알맞은 수를 써넣으시오.

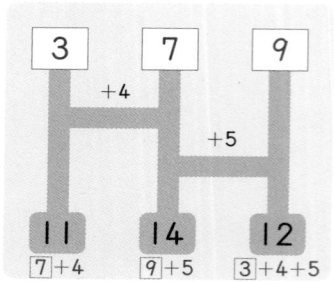

❶
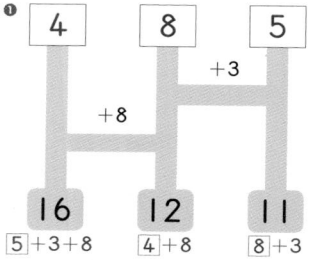

❷
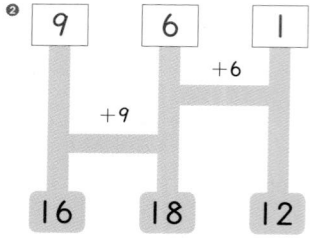

❸
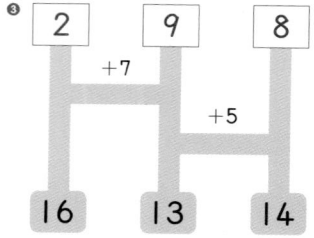

❹
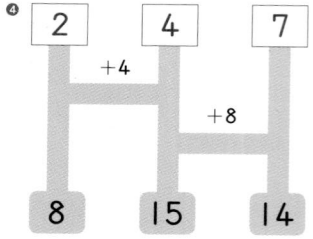

❺
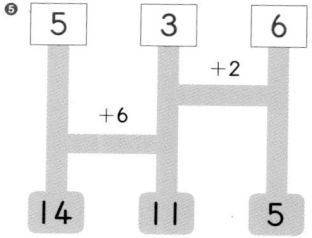

286 격자 트럼프

월 일

같은 모양은 같은 수, 다른 모양은 다른 수를 나타내고, 수는 각 줄의 합입니다. 빈칸을 채우시오.

		♥	5
	◆	♥	9
◆	♣	♠	13
4	11	12	

♥=5
◆=4
♣=7
(◆+♣=11)
♠=2
(◆+♣+♠=13)

❶

◆			3
♠	♥		11
♠	♣	♣	9
13	8	2	

◆=3
♣=2
♠=5
(◆+♠+♠=13)
♥=6
(♠+♥=11)

❷

		♠	3
	♠	♠	6
♥	♥	♣	9
4	7	7	

❸

◆			3
◆	♥		12
◆	♣	♣	15
9	15	6	

❹

	♣	♠	6
	♥	♠	11
♠	◆	♥	12
4	10	15	

❺

		◆	5
♥	♥	♠	10
♥	♣	◆	12
8	7	12	

같은 모양은 같은 수, 다른 모양은 다른 수를 나타내고, 수는 각 줄의 합입니다. 빈칸을 채우시오.

순서를 생각하여 풉니다.

♥	♣	◆	10
♠	◆	◆	10
♥	♣	◆	10
8	13	9	

① ◆=3
(◆+◆+◆=9)
② ♠=4
(♠+◆+◆=10)
③ ♣=5
(♣+◆+♣=13)
④ ♥=2
(♥+♣+◆=10)

❶

♣	♠	♥	12
♣	◆	◆	7
♣	♠	♥	12
3	15	13	

① ♣=1
② ◆=3
③ ♥=5
④ ♠=6

❷

♠	♠	♥	10
◆	◆	♣	5
♣	◆	♣	4
6	7	6	

❸

♥	♣	♣	12
♠	♠	♠	12
♥	♣	◆	14
8	14	16	

❹

♠	♥	♣	6
◆	♠	♣	11
◆	♠	◆	15
15	4	13	

❺

♥	♠	♠	8
♥	♠	◆	9
♥	♣	♣	6
12	5	6	

287 방진셈

월 일

2에서 6까지의 수를 한 번씩 사용하여 한 줄에 쓰여진 세 수의 합이 ● 안의 수가 되도록 한 것입니다. 빈칸에 알맞은 수를 써넣으시오.

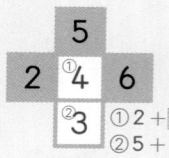

①2 + 4 + 6 = 12
②5 + 4 + 3 = 12

12

❶

11

❷

13

1에서 6까지의 수를 한 번씩 사용하여 한 줄에 쓰여진 세 수의 합이 ▬ 안의 수가 되도록 한 것입니다. 빈칸에 알맞은 수를 써넣으시오.

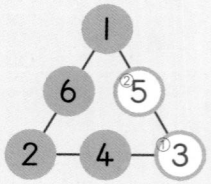

9

①2 + 4 + 3 = 9
②1 + 5 + 3 = 9

❸

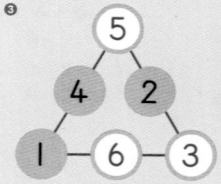

10

❹

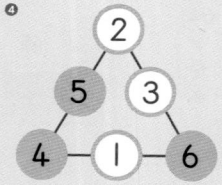

11

1에서 5까지의 수를 한 번씩 사용하여 한 줄에 쓰여진 세 수의 합이 ● 안의 수가 되도록 빈칸에 알맞은 수를 써넣으시오. 여러 가지 답이 있습니다.
가로, 세로의 합이 ● 안의 수가 되면 됩니다.

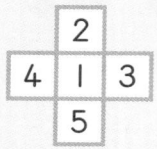

8

❶

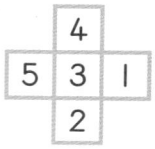

9

❷

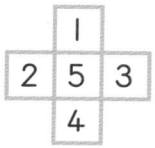

10

이외에도 여러 가지 답이 있습니다.

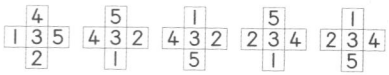

1에서 6까지의 수를 한 번씩 사용하여 한 줄에 쓰여진 세 수의 합이 ▬ 안의 수가 되도록 빈칸에 알맞은 수를 써넣으시오. 여러 가지 답이 있습니다.

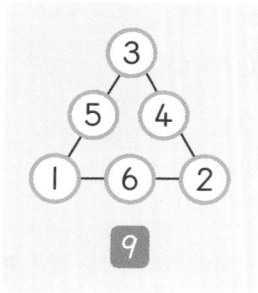

9

❸

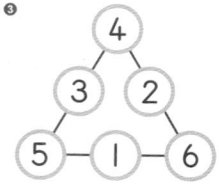

12

❹

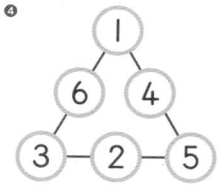

10

288 울타리 치기

월 일

◐ 나누어진 세 수의 합이 같도록 빈칸에 알맞은 수를 써넣으시오.

2	5	7
5	1	4
2	2	8

$2+2+8=12$
$2+5+\boxed{5}=12$
$7+1+\boxed{4}=12$

❶

5	1	4
3	8	5
7	6	6

❷

6	8	8
2	9	1
5	4	8

❸

2	7	5
3	5	6
6	7	1

❹

8	4	2
4	7	5
6	3	9

❺

4	5	4
2	3	8
1	6	6

❻

2	6	3
8	2	7
1	2	2

❼

2	3	2
4	6	7
8	3	1

❽

4	5	9
3	3	6
9	6	9

◐ 세 수의 합이 같도록 세 부분으로 나누시오.

4	5	1
4	6	6
7	2	4

13 13 13

❶ 16 16 16

2	4	4
7	8	3
7	7	6

❷ 11 11 11

2	4	5
1	8	1
2	5	5

❸

3	5	7
2	9	2
7	6	4

❹

5	7	9
2	3	1
3	8	4

❺

3	4	5
6	4	2
9	1	2

❻

4	5	7
9	6	8
4	6	2

❼

3	2	5
2	6	4
2	2	7

❽

7	1	6
5	3	3
8	2	4

잘 공부했는지 알아봅시다

월 일

1 한 줄의 합이 ■ 안의 수가 되도록 1부터 6까지의 수를 빈칸에 써넣으시오.

❶ 10

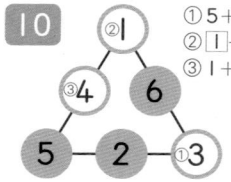

①5+2+[3]=10
②[1]+6+3=10
③1+[4]+5=10

❷ 9

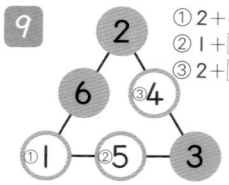

①2+6+[1]=9
②1+[5]+3=9
③2+[4]+3=9

2 같은 모양은 같은 수, 다른 모양은 다른 수를 나타내고, 수는 각 줄의 합입니다. 빈칸을 채우시오.

♣	◆	♠	11
♠	◆	◆	8
♠	◆	♠	10
13	6	10	

◆=2
(◆+◆+◆=6)
♠=4
(♠+◆+◆=8)
♣=5
(♣+◆+♠=11)

3 빈칸에 알맞은 수를 써넣으시오.

❶

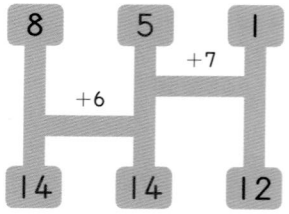

❷

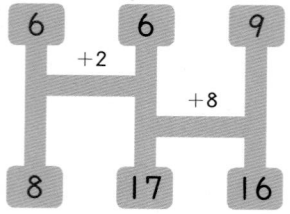

수학 개념이 쉽고 빠르게 소화되는

월등한 개념 수학

월등한 개념 수학

배운 개념을 끊임없이 되짚어주니까
새로운 개념도 쉽게 이해됩니다

수학 개념이 쉽고 빠르게 소화되는 특별한 학습법

· 배운 개념과 배울 개념을 연결하여 소화가 쉬워지는 학습
· 문제의 핵심 용어를 짚어주어 소화가 빨라지는 학습
· 개념북에서 익히고 워크북에서 1:1로 확인하여 완벽하게 소화하는 학습

NE 능률

NE능률의 모든 교재가 한 곳에 - 엔이 북스

NE_Books

www.nebooks.co.kr ▼

NE능률의 유초등 교재부터 중고생 참고서,
토익·토플 수험서와 일반 영어까지!
PC는 물론 태블릿 PC, 스마트폰으로 언제 어디서나
NE능률의 교재와 다양한 학습 자료를 만나보세요.

- ✓ 필요한 부가 학습 자료 바로 찾기
- ✓ 주요 인기 교재들을 한눈에 확인
- ✓ 나에게 딱 맞는 교재를 찾아주는 스마트 검색
- ✓ 함께 보면 좋은 교재와 다음 단계 교재 추천
- ✓ 회원 가입, 교재 후기 작성 등 사이트 활동 시 NE Point 적립

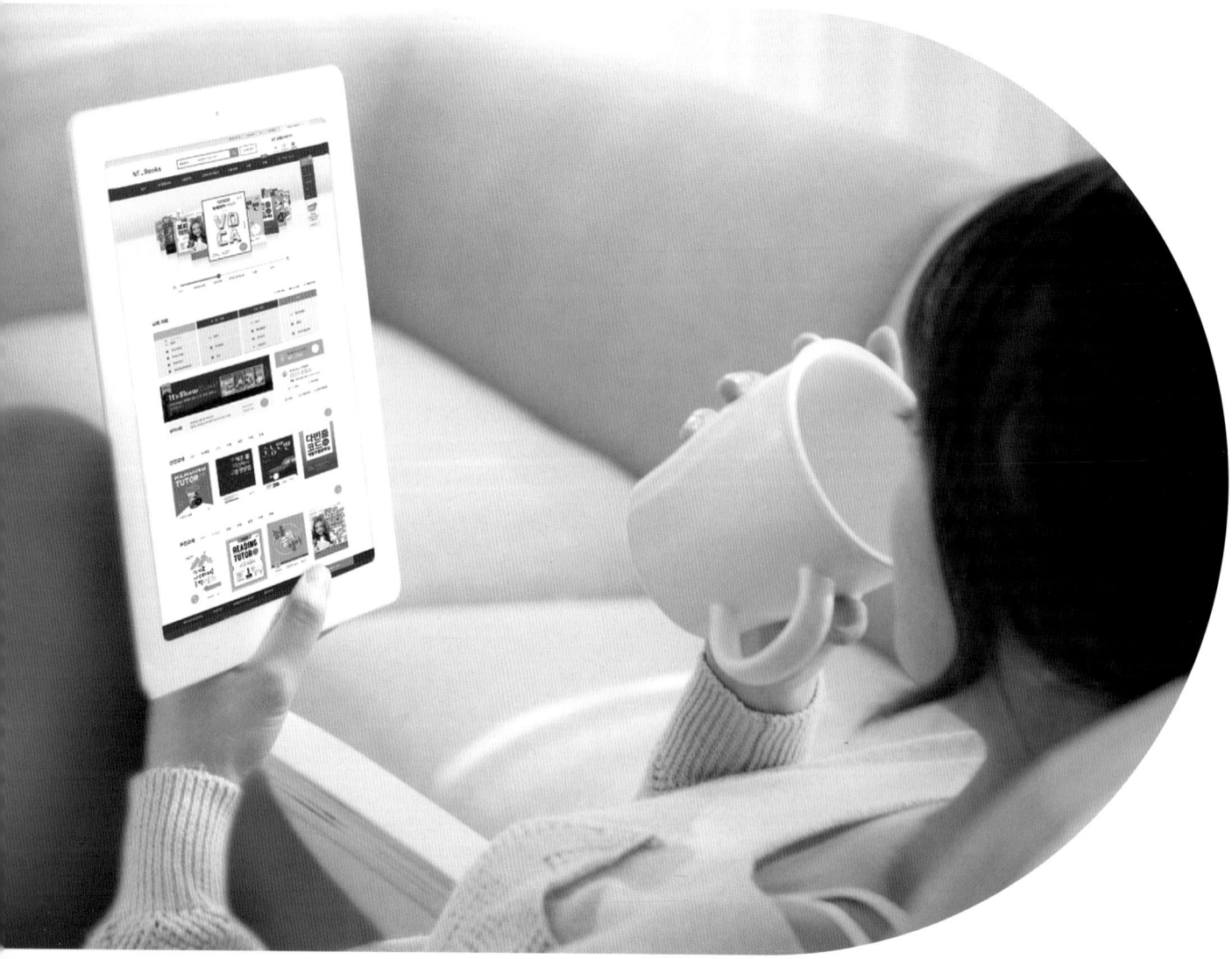

영어교과서 리딩튜터 능률보카 빠른독해 바른독해 수능만만 월등한 개념 수학 토마토TOEIC 토마토 클래스 NE 클래스
NE_Build & Grow NE_Times NE_Kids(굿잡, 상상수프) NE_능률 주니어랩 NE 매쓰펀

건강한
배움의 즐거움
NE 능률